Louis Claude de Saint-Martin
Sendschreiben an einen Freund oder höhere
Betrachtungen über die französische Revolution

AF206068

Louis Claude de Saint-Martin

Sendschreiben an einen Freund

oder höhere Betrachtungen über die

französische Revolution

Herausgegeben und bearbeitet von Detlef Weigt

FSC
www.fsc.org
MIX
Papier aus ver-
antwortungsvollen
Quellen
Paper from
responsible sources
FSC® C105338

Impressum

Bibliografische Information der Deutschen Nationalbibliothek:
Die Deutsche Nationalbibliothek verzeichnet diese Publikation in
der Deutschen Nationalbibliografie; detaillierte bibliografi-sche
Daten sind im Internet über http://dnb.dnb.de abrufbar.
© 2020 Detlef Weigt
Herstellung und Verlag: BoD – Books on Demand, Norderstedt
ISBN: 9783751935432

Originalausgabe:
**Louis Claude de Saint-Martin: Sendschreiben an einen
Freund oder höhere Betrachtungen über die franzö-
sische Revolution.** — Aus dem Französischen übersetzt. —
Varnhagen von Ense: Denkwürdigkeiten und vermischte Schrif-
ten, Mannheim: Verlag von Heinrich Hoff, 1838; Band IV,
S. 435-546.

Einführung:
**Johannes Claassen: Ludwig von Saint-Martin.
Sein Leben und seine theosophischen Werke.** –
Stuttgart: Steinkopf 1891. S. 145-164.

Einführung von Johannes Claassen

Im Jahr 1784 setzte die Akademie der Wissenschaften in Berlin einen Preis auf die Beantwortung der Frage: Welches ist die beste Weise, sowohl die wilden als die zivilisierten Völker, welche sich dem Irrtum und Aberglauben jeder Art ergaben, zur Vernunft zurückzurufen (Quelle est la meilleure manière de rappeler à la raison les nations, tant sauvages que policées, qui sont livrées à l'erreur et aux superstitions de tout genre?)

Zu Irrtum und Aberglaube rechnete die Berliner Akademie nämlich vor allem das Christentum und jede geschichtliche Gottesoffenbarung. St. Martin erkannte das wohl und sagte auch selbst, dass die Akademie ihm nicht den Preis gewähren würde, beantwortete aber dennoch die Frage, indem er zuerst zeigte, dass sie unlöslich sei durch die Mittel, welche ihr Ausdruck voraussetzte. Er wollte dem verkappten Atheismus öffentlich die Maske abreißen. Freilich hatte er in Berlin keinen Erfolg. Die Akademie warf die Frage überdies noch einmal auf. Der Hauptinhalt seiner Antwort ist folgender.

Nachdem er den Stand der Beraubung und Finsternis gezeichnet, der unsere gegenwärtige Vernunft von den einzigen Wahrheiten, die unser unumgängliches Bedürfnis sind, so entfernt hat, zeigt er, dass ein Gesetz der Beziehungen bestehe zwischen unserem Geiste und der Quelle des Denkens, gleichwie zwischen unserem Leibe und dem Prinzip der elementaren Natur. Er stellt fest, dass dieses Gesetz notwendigerweise wirksam sei, weil es in den Lehren aller Völker überliefert worden; ja dass es die Urwissenschaft und Geheimlehre der ersten Zeitalter der Menschheit gewesen sei und noch heute dieselbe Wirksamkeit auf jeden Menschen äußere. Eben dieses Gesetz der Beziehungen zwischen unserem Daseinsprinzip und uns selbst sei jene **allgemeine Vernunft**, zu welcher die wilden und zivilisierten Völker zurückzurufen so hoch wünschenswert sein würde. Denn allerdings sei die Erkenntnis dieser heilsamen Verbindung verloren gegangen, daher könne der Mensch auch das Gesetz seines Wesens nicht erfüllen. In uns selbst finden wir aber den Schlüssel dieser Wissenschaft: es sind die Strahlen des göttlichen Lichtes, die allein unser Inneres erleuchten. „Machet kenntlich diesen göttlichen Strahl, diese ursprüngliche Beziehung des Menschen mit Gott, und ihr werdet das Problem gelöst, werdet aus der Menschheit die Irrtümer verbannt haben, welche ihr die Wahrheit verschleiern, werdet die Völker zur Vernunft zurückgeführt haben, die sich dem Aberglauben hingegeben haben." Und dann schließt der Verfasser mit folgender hochernsten und schlagenden Anrede an die Berliner Akademie:

„Aber ihr, zur Erleuchtung eurer Mitmenschen erwählte Sterbliche, die ihr alles erwägt, was ihrer Unwissenheit und ihrem Aberglauben abhelfen könnte: ihr seid zu dieser Abhilfe nur insoweit berechtigt, als ihr selbst das Recht erworben haben werdet, an der Quelle zu schöpfen, welche jene Hilfe in sich schließt und mitteilt. Wenn der Mensch sich nur dadurch so vielen Täuschungen in Glaubens- und Wissenslehren hingegeben hat, dass er sich von dieser Urquelle aller Wahrheiten entfernte, so müsst ihr notwendig selbst wieder eintreten in den Genuss dieser Wahrheiten, um die Irrtümer jener darzutun; und wenn der Mensch sich dadurch in den Abgrund des Aberglaubens gestürzt hat, dass er die geistige Grundlage jenes reinen und lebendig machenden Kultus aus dem Gesicht verlor, so müsst ihr selbst die wesenhafte und beweiskräftige Erkenntnis der wahrhaftigen Dinge, auf die alles andere zielt, zuerst wiedererlangen. Ohne das werdet ihr nur einen Irrtum an die Stelle des anderen setzen, einen Aberglauben für den anderen, und ihr werdet die Szenen der Lüge und des Hasses erneuern, welche abwechselnd die Erde verführt und in Blut getaucht haben. Es ist sogar nicht mehr nötig zu prüfen, ob die Völker, die ihr zu erleuchten haben werdet, wild oder zivilisiert sind. Dieselbe Hand, welche das Licht überallhin trägt, teilt es jedem mit nach dem Maße seiner Empfänglichkeit. Fanget damit an, dass dieses Licht kein Hindernis finde in euch einzutreten, und ihr werdet nicht mehr zu fragen haben, auf welche Weise ihr es ausbreiten müsst. Vergesset nie, dass nicht ihr es seid, die da handeln müssen, sondern jene nämliche Ursache, welche euch selbst hervorgebracht und welche sich das Recht vorbehalten hat, all eurer rechtmäßiges Tun zu bestimmen. Eifersüchtig, allein den Geist der Sterblichen zu regieren, weil sie allein fähig ist, ihn zu erleuchten, ist dieses der ewige Bund, den sie mit euch machen will, dass ihr euch also demütiget, Handlanger ihres Ruhmes zu sein, aber niemals an den eurigen denkt. Wenn ihr euch nicht für rein und uneigennützig genug haltet, um diesen heiligen Bund treu zu bewahren, wenn irgendwelche verderbten Wurzeln sich noch mit den Keimen verflochten finden, die auf dieser Erde Frucht bringen sollen, so unternehmet nicht, die Menschen zur Vernunft zurückzuführen: ihr werdet ihre Blindheit und Torheit nur vermehren. Enthaltet euch im Gegenteil, ihnen einen so gefährlichen Dienst zu leisten, sie werden sich genug ohne euch verirren.

Gelehrte aller Grade, die ihr so achtungswürdig seid durch eure Wünsche und Bestrebungen: Hoffet nicht, zu irgendwelcher sicheren Erkenntnis über die verschiedenen Gegenstände, die euch beschäftigen, zu gelangen, wenn ihr euren Gang außerhalb jenes Gesetzes der Beziehungen nehmt, die zwischen eurem Prinzip und euch bestehen, außerhalb jenes Pfades, den die oberste Weisheit euch überall vorzeichnet, um euch die Mittel zu erleichtern, zu ihr selbst zu gelangen. Solange ihr die Natur und den Menschen als isoliert und unabhängig von dem einigen Prinzip betrachtet, das beide belebt, werdet ihr sie nur mehr und mehr verunstalten und diejenigen täuschen, denen ihr sie vorzumalen unternehmet. Darum hat der Baum der **Naturwissenschaften** so viele gebrechliche und verdorrte Zweige getrieben, welche nacheinander abfielen, ohne zur Reife gelangen zu können, weil die Hand des Menschen, sie berührend, ihren Saft abgebunden hatte. Darum war es so oft das Ende der **Geisteswissenschaften** im menschlichen Unterrichte, dass sie nur eine Wissenschaft der Materie wurden und uns mit den Tieren verwechselten. Kurz, darum gleichen alle zerstreuten Wissenschaften, ohne ein gemeinsames Band, das sie einige, verschiedenen Anhäufungen stehender Gewässer, die getrennt von dem großen Strome, mehr und mehr zur Versumpfung gelangen; solange sich der Strom nicht mit ihnen vereinigt und sie lebendig macht, wie er ist, indem er sie einzieht in seinen Lauf." Endlich: „Wenn der Mensch nicht selbst zu jenem Universalschlüssel gelangt, wird niemand auf Erden ihn in eure Hände legen. Und so glaube ich euch genug geantwortet zu haben, wenn ich euch überzeugt habe, dass der Mensch **euch** nicht antworten kann."

Man wird die Kraft und Wahrheit dieser Worte ebenso wenig verkennen als ihre besondere Anwendbarkeit auf jene wie auf unsere Zeit und ihre von hohen wie niederen Stühlen ausgehende Weisheit. Es ist die vielfach „des Tieres aus dem Abgrunde" in der Scheingestalt der alten Schlange. Nur dass unsere Zeit jene damals noch vermisste Einheit der Wissenschaften in einem „**Monismus**" **von unten her** erstrebt und erreicht zu haben wähnt, welche Einheit aber im Grunde nur die des babylonischen Turmes ist, dessen Ende wir kennen. So war denn auch damals das Ende oder die schlagende oder alles zerschlagende Antwort auf jene selbstkluge Frage der Akademie die **französische Revolution**.

Merkwürdig aber, dass ein Franzose, einer der edelsten seines Volkes freilich, den **deutschen Aufklärern** das sagen, sie also schlagen musste auf ihre eigene Herausforderung hin!

Ebenso scheinbar vergeblich wie damals die Berliner Preisfrage, beantwortete St. Martin im Jahre 1798 die vom „Institut von Frankreich" gestellte: Quelles sont les institutions les plus propres à fonder la morale d'un peuple? („Welches sind die geeignetsten Einrichtungen, um die Sittlichkeit eines Volkes zu begründen?") Auch hierin war die Grundlage der Frage verkehrt, denn die Antwort lag und liegt längst bereit: für den Willen nämlich, der Gottes Willen tun will. Für das bloße Wissen hat die Frage und ihre Antwort so wenig Wert als für die Sache selbst, wenn man sie durch äußere Mittel ohne den **Geist des Christentums** betreiben wollte.

Aber auch inmitten seiner atheistischen Gegner, in der Hauptstadt seines Landes und während der revolutionären Gewaltherrschaft zögerte St. Martin nicht, Zeugnis abzulegen von der selbsterkannten Wahrheit. Denn wenn man sagen konnte, dass der „unbekannte Philosoph" die Welt floh, und wenn er es selbst gerne sagte, so hatte es doch nur den Sinn, dass er sich ihr nicht überantwortete und sich von ihr verschlingen ließ. In Wahrheit beobachtete er mit der größten Aufmerksamkeit, was sich in der Welt begab; aber er ging darauf nur ein, soweit er, seinen Grundsätzen getreu, es durfte oder für Pflicht hielt.

Solches war der Fall, als er sich zur „Normalschule" nach Paris senden ließ und dort dem Direktor, Professor und früheren Justizminister Garat in öffentlicher Versammlung entgegentrat. Seine Antwort auf die sensualistischen Behauptungen desselben stellte folgende drei Wahrheiten ins Licht. **Erstens** das Vorhandensein eines **moralischen Sinnes** im Menschen, der höherer Art nicht nur als die Sinnesempfindungen, sondern auch als die Vernunft selbst sei. Garat, der sich auf Baco berufe, der das Wahre und das Gute zugleich als verbunden und verschieden nachgewiesen, habe es doch nur mit einer einzigen Fähigkeit des Menschen zu tun, dem denkenden Verstande nämlich, den er überdies wieder ganz allein von der Tatsache der Sinnesempfindung ableite. Aber selbst dann, wenn dieser Ursprung zugegeben werden dürfte, würde der Verstand immer nur das Vermögen für die Auffassung des Wahren sein und es bedürfte eines anderen zur Erklärung der Idee des Guten. Denn offenbar könne die Idee und die Empfindung des Guten nicht aus der Sinnesempfindung entspringen, welche jenem fremd und oft entgegengesetzt sei. Dieses andere Vermögen der Seele, durch das wir das Gute vom Bösen unterscheiden und das uns antreibt, das eine zu lieben und das andere zu hassen, sei eben der moralische Sinn [Moralsinn, Bewusstsein des Sittlichen, zuhöchst Gewissen], und dieser sei also völlig verschieden vom Verstandessinn, durch den wir das Wahre vom Falschen unterscheiden. Indes sei darum dieser Moralsinn nicht ein einzelnes, abgesondertes Vermögen, wie der schottische Philosoph Hutcheson gemeint; er sei vielmehr der Grund unseres Wesens, zugleich empfindend und denkend, empfindend, aber nicht sinnlich empfindend. Er sei der tiefe Quell, aus dem zugleich unsere Ideen und unsere Empfindungen entspringen, besonders aber letztere, und zwar das religiöse Gefühl ebenso wie das sittliche, das Gefühl für das Göttliche ebenso als das für das Gute. Es sei die Wurzel unseres geistigen Wesens, von welcher der denkende Verstand nur eine Abzweigung sei. Jenes sei mit einem Wort die Seele selbst, von Natur begabt mit einem empfindenden und einem denkenden Vermögen, welches seinen Gegenstand unendlich über oder jenseits der äußeren Natur suche, welches aber allerdings zur Ausübung erst gelange und in bestimmten

Empfindungen und Ideen sich offenbare, wenn es von außen her erregt werde. Seine Ansicht fasst sich zusammen in dem Satz: „Der Geist des Menschen ist nicht eine tabula rasa, sondern eine ‚rasierte Tafel', worin die Wurzeln noch blieben und nur den geeignete Anreiz erwarten, um ins Wachstum zu treten."

Der **zweite** Standpunkt betraf den **Ursprung der Sprache**. In Bezug hierauf behauptete St. Martin zwar das Vorhandensein des Denkens als eines vom Sprechen verschiedenen Vermögens, das Sprechen selbst aber ebenso als eine **ursprüngliche Fähigkeit**, die der Mensch nicht nach Belieben „erfunden" habe. Weder sei die Sprache in der Gesamtheit ihrer Elemente eine Sache bloßer Vereinbarung, die nur durch das Zusammentreffen der günstigsten Zufälle während vieler Jahrhunderte zwischen dem Menschen habe entstehen können, noch sei sie (wie später de Bonald wollte), durch ein Wunder oder eine außerordentliche Gottesoffenbarung zu erklären. Er betrachtet sie vielmehr mit Recht als eine naturwüchsige Fähigkeit des Menschen, oder als einen geistigen Naturvorgang, dessen Geheimnis wir in uns finden, ohne es gelernt zu haben, und dessen uns zu bedienen wir schon durch die Tatsache genötigt wurden, dass wir denkende Wesen sind. (Ähnlich später Wilh. v. Humboldt, der es näher begründete.) In der Tat, jede Gattung der Wesen habe von der Natur eine ihr eigentümliche Sprache empfangen. Da ist die Sprache der empfindenden Wesen, der Tiere nämlich, verschieden nach ihrer Organisation. Da ist die Sprache der materiellen und leblosen Wesen; denn „alles was in denselben Außenseite ist, können wir betrachten als Zeichen und Anzeichen ihrer inneren Eigenschaften". Sollte das moralische und vernünftige Wesen, der Mensch, der mit dem Moralsinn das Vermögen zu lieben wie zu denken empfing, von jenem Allgemeingesetz die einzige Ausnahme bilden? Nein, auch er ist mit einer Sprache begabt worden, die ihm eigentümlich, ebenso alt als sein eigenes Dasein ist und genau seinem geistigen Wesen entspricht. **Diese Sprache ist das Wort** [als Gabe und als Aufgabe, oder als Anlage zur Entwicklung und Ausübung uns gegeben]. Denn daraus, führt St. Martin fort, dass das Wort auf Erden zugleich mit der menschlichen Natur erschien, darf man nicht folgern, dass es gleich am ersten Tage bis zur letzten Vollendung gelangt sei. Es hat denselben Fortgang und ist allmählich mit denselben Zeichen ausgestattet worden wie der Gedanke selbst. Nun ist eben dieser anfangs dunkel und unentwickelt und nicht nur mit unseren moralischen Gefühlen, sondern auch mit Sinneseindrücken vermischt wie das Gold im Erdklumpen. Erst nach und nach lösen sich unsere Gefühle von unseren Sinnesempfindungen und unsere Gedanken von unseren Gefühlen. Das ist die Frucht der tätigen Arbeit der Geistseele an sich selber, und diese Arbeit, offenbart durch eine Folge von Operationen, wie Aufmerksamkeit, Vergleichen, Urteilen, Überlegen, Gründesuchen, hat zum Werkzeuge das Wort. Aber zugleich mit dem **Werkzeuge** ist das Wort in gewissem Sinne auch das **Resultat** dieser Operationen, weil es ihnen einen immer höheren Grad von Bestimmtheit und Klarheit verleiht. Hieran knüpft er folgende Wahrheit. Anders sei es mit dem Zeichen, deren die Mathematik sich bedient, um fertige, zweifellose Begriffe, die der Mensch nicht erst bildet, auszudrücken; anders mit den anderen Wissenschaften, zumal der moralischen und religiösen, deren einziges Ausdrucksmittel das Wort bzw. die Schrift ist. Wäre ihnen darum die Gewissheit versagt? Nein, sie haben **in uns**, in den Grundlagen unseres Gewissens, in den höchsten Ideen und Grundsätzen der [erleuchteten] Vernunft ein ebenso unerschütterliches Fundament als jene sog. exakten, und ein noch festeres als die Naturwissenschaften. Sie haben auch ihre eigenartigen Beweise, welche obwohl nicht sichtbar dem Auge, darum nicht weniger unumstößlich im Geiste sind. „Jede Wissenschaft hat ihre eigentümliche Art der Beweisführung." Schließlich sagt St. Martin: „Weil wir sehen, dass in der natürlichen wie in der geistigen Ordnung jedes Ding einen Anfang hat, jedes Wesen aus einem Keime hervorging, der nicht das Werk des Menschen ist, sollten die Sprachen von diesem Gesetz ausgenommen sein? Warum sollte das schönste unserer Vorrechte, das des lebendigen und tätigen Wortes, das einzige sein, das die Frucht unserer eigenen Schöpfermacht wäre, während in Bezug auf alle anderen Vorzüge wir einem in uns gelegten Keim unterworfen wären und dessen Befruchtung abwarten müssten?" —

Die **dritte** Frage war, ob, wie Garat behauptet, es „unmöglich sei zu wissen oder unnütz zu untersuchen, ob die Materie denke oder nicht denke." Dieser Satz sei doppelt zu bestreiten. Wenn es in der Welt eine Frage gebe, die unser Interesse beanspruche, so sei es die zu wissen, ob wir Geist oder Materie sind, ob wir eine Seele haben oder ob unser Dasein in Eigenschaften und Tätigkeiten des Körpers aufgehe; diese Frage sei aber nicht unlösbar. Denn wir sehen klar, dass es zwischen dem Menschen und den bloß materiellen und tierischen Wesen keine Wesensgemeinschaft gibt. Der Mensch ist vervollkommnungs- und kulturfähig; er entwickelt seine Anlagen, weil er fähig ist, sie auf ein Ziel zu richten und zu leiten, d.h. weil er denkt. Das können die niederen Wesen nicht. Wenn andererseits wahr ist, dass die Sprachen das notwendige Werkzeug des Gedankens sind und nur der Mensch damit begabt ist, so muss man daraus schließen, dass er allein unter allen Wesen auf Erden es ist, der da denkt. „Denn die Natur ist zu weise, um einem Wesen ein Geschenk zu machen und ihm doch das einzige Werkzeug zu verweigern, womit er davon Gebrauch machen kann." Dass die Tiere sich natürlicher Zeichen zum Ausdruck ihres Innern bedienen, widerspreche dem nicht. Denn diese Zeichen bleiben einförmig und unveränderlich wie die Gattungen, deren Empfindungen und Bedürfnisse sie ausdrücken: eine Bestätigung des Satzes, dass die Tiere nicht denken. So bewies St. Martin die grundtiefe Unvereinbarkeit der Materie und des denkenden Vermögens und damit die Grundverschiedenheit von Geist und Körper, weiterhin von Tier und Mensch.

Diese drei Punkte also, das ursprüngliche Vorhandensein eines moralischen oder Gewissenssinnes, eines denkenden und sprechenden Urvermögens und eben damit die Urverschiedenheit von Materie und Geist, verteidigte St. Martin gegen die Zeitphilosophie, welche moderne Weisheit damals im Namen des republikanischen Staates denen beigebracht werden sollte, welche die Jugend des Landes demnächst unterweisen sollten. Er gab damit dieser Scheinweisheit seines Jahrhunderts den ersten Hauptstoß, der von den wichtigsten Folgen für eine zukünftige Umkehr begleitet war.

Diese Ideen über die Bildung des Wortes und die Natur des Denkens wandte St. Martin nicht bloß auf die sensualistische Philosophie, sondern auf die ganze Wissenschaft seiner Zeit an. In der Schrift **Le Crocodile** suchte er die Gelehrten wie die gelehrten Gesellschaften des 18. Jahrhunderts als lächerlich hinzustellen, wenn diese in ihrem Hochmut wähnten, die Natur zu begreifen, ohne nötig zu haben, sich über dieselbe zu dem Schöpfer zu erheben; ja, wenn sie sogar luftige Hypothesen aufstellten, um den Ursprung der Welt und die Entstehung der Wesen, der lebendigen wie der leblosen, aus der bloßen Macht der Elemente, aus den Eigenschaften der rohen Materie zu erklären. In einer langen Gleichnisrede lässt der Verfasser dieser seltsamen satirisch-allegorischen Schrift, die teils in Prosa, teils in Versen geschrieben und in vielen Einzelheiten schwer verständlich ist, ersonnene Wesen auftreten, unter deren Namen er wirkliche Personen vordeutet, deren eine seine eigene Ansicht auszusprechen hat. Wir brauchen auf den Inhalt nicht näher einzugehen.

Aber nicht allein die verirrte Wissenschaft griff St. Martin nach seiner tieferen Erkenntnis an; sein Auge war ebenso offen für die Schäden in **Staat und Gesellschaft** und für die verkehrten Theorien, nach denen die Männer des Tages die öffentlichen Zustände zu bessern suchten. Hatte er doch Montequieus und Rousseaus Werke längst gelesen und studiert. Aber so sehr er letzterem in seiner Kritik der menschlichen Gesellschaft in ihrer Verderbnis zustimmte, so wenig vermochte er die Grundlehren desselben zu teilen: von der guten Natur des Menschen und von der Notwendigkeit der Rückkehr zu derselben, noch der Wiederherstellung eines vermeintlichen, ursprünglichen „Gesellschaftsvertrages", d.h. der Souveränität des Volkes, wie es ist.

In zwei kleinen Schriften, geschrieben kurz vor und nach seiner Erfahrung mit der Normalschule, sprach St. Martin sich aus über Staat und Politik seiner und aller Zeit, insonderheit über die französische Revolution. Es ist das „**Sendschreiben an einen Freund**" über die letztere, und der „**Blick auf die menschliche Gesellschaft**". Der Inhalt derselben, die wir hier füglich zusammenfassen, ist folgender.

„Um die Revolution, sagt er, diese große Krisis der Gesellschaft, zu ihrem wahren Ziele zu führen, bedarf es einer Wiederherstellung (Wiedergeburt, régénération) der Menschheit in ihren ursprünglichen Zustand, in ihren Ausgangspunkt. Man muss also mit der Erkenntnis des wahren Ursprungs der menschlichen Gesellschaft beginnen. In dieser Beziehung sind aber unsere Theorien vollständig falsch, und damit die Völker sich erneuern, muss zuerst die Wissenschaft selbst sich bessern."

Weder eine freie überlegte Übereinkunft vieler Einzelner, wie Rousseau will, habe die staatliche Ordnung gegründet, denn ein solcher Vertrag setze schon eine gewisse Ordnung und Kultur voraus und eine solche Übereinstimmung der Willen, Einsichten und Gefühle, dass mindestens eine Erinnerung davon sich erhalten haben müsste, wenn er je stattgefunden. Andererseits habe aber ebenso wenig, wie Helvetius und die Sensualisten wähnten, das bloße Gefühl des materiellen Bedürfnisses, die Vorsicht für den folgenden Tag, der Wunsch, die aufgehäuften Mundvorräte unter öffentlichen Schutz zu stellen, den Staat gegründet. Denn nie habe man eine Regierung gefunden, welche bloß für die materiellen Bedürfnisse ihrer Untergebenen gesorgt habe. — Inmitten seines Falls habe der Mensch die Erinnerung seiner verlorenen Herrlichkeit bewahrt, und nichts könne ihm die Hoffnung entreißen noch das Streben ihm nehmen, sie wiederzuerlangen. Er könne sich unter der Herrschaft der Unwissenheit und der Leidenschaften zu Zeiten von seinem vorgesteckten Ziel entfernen, nie gänzlich aufhören es zu verfolgen. „Es ist, wie wenn ein Mensch, der in eine tiefe Grube gefallen ist, anfängt auf allen vieren wie die Tiere zu klettern, während er zuvor aufrecht auf seinen Füßen ging wie die anderen Menschen; aber obgleich er sich nur hinschleppt und selbst bei jedem Versuch sich zu erheben wieder hinfällt, bleibt ihm das vorgesetzte Ziel nicht weniger lebendig." Auch der Zustand der wilden Völker widerspreche dem nicht: sie seien eben entartet und könnten den rechten Weg zu ihrem Urzustande nicht wiederfinden. Darum hätten sie es auch, von Kriegsvereinigungen abgesehen, zu keiner gesellschaftlichen Einheit bringen können.

Beide, Rousseau wie Helvetius, haben die ursprüngliche Natur des Menschen verkannt wie ihre Entartung. Der eine stelle die jetzige Natur, die er für gut hält, zu hoch, der andere, der ihr bloß tierische Bedürfnisse zuschreibt, zu niedrig; beiden erkannten nicht den tiefen Fall. Daher „haben sie nur mit Gedanken geschrieben in einer Sache, in der sie nur mit Seufzern schreiben sollten."

Die Gesellschaft ist also weder aus physischem Erhaltungstriebe noch aus einem berechneten Vertrage der Willen entstanden: sie hat ihre Wurzeln in den Tiefen der menschlichen Seele selber; ihre Gesetze sind von Anbeginn unserem geistigen Wesen eingeschrieben; sie ist (dem Keim oder der Anlage nach) ebenso alt wie der Mensch und kann keinen anderen Urheber haben als Gott selbst. Alle Völker oder Teilgesellschaften, welche nur die Trümmer der allgemeinen Gesellschaft sind, bezeugen es. Sie wie die Regierungen bilden sich von selbst im Laufe der Zeit und mit der Gunst der Umstände, wozu der Mensch weniger die Ursache als die Veranlassung ist, wobei er mehr tun lässt als tut. Die Gesetze also, welche sich mit jenen entwickeln, ihre Grundgesetze, sind ebenso wenig das Werk menschlichen Willens und menschlicher Weisheit, sie entstammen den höchsten Gesetzen der ewigen Gerechtigkeit, sie gehen aus der Natur der Dinge selbst hervor, und eben dieses gibt ihnen die Majestät und die Kraft.

Mit dem Gesellschaftsvertrage falle auch dessen Folgerung, die Volkssouveränität. „Die Selbstherrschaft der Völker ist ihre Ohnmacht", sagt St. Martin. Wenn mittels der Gesetze, welche der Natur des Menschen und der Dinge entstammen, die Vorsehung die Entstehung der Völker leitet, warum sollte sie nicht auch ihre Regierungen und Gesetzgebungen beeinflussen? Sie ist es, welche Völker und Einzelne an ihre Stelle setzt und jedes und jeden nach seinen Kräften und Fähigkeiten beruft, zur Ausführung ihrer Absichten mitzuwirken, und solches, ohne der Freiheit des Menschen Eintrag zu tun. Wenn ein Mann von höherer Begabung, Tugend und Willenskraft sich inmitten seinesgleichen erhebt, wird niemand ihn hindern können, die ihm gebührende Stelle einzunehmen, der Widerstand dagegen würde solche Leiden zur Folge haben, dass man darauf verzichten müsste. Dasselbe gelte von den Völkern in ihrer Gesamtheit. „Zu allen Zeiten dienen die Völker abwechselnd als Mittel zur Erfüllung des großen Werkes der Vorsehung, so nach ihren Verbrechen wie nach ihren Tugenden." Die Vorsehung herrscht in der Geschichte ebenso wahrnehmbar wie in der Natur; die Völker sind ihre Diener, und die Regierungen sind die Diener der Völker, weil Gott ihnen den Geist mitteilt, mit dem er die ganze Natur erfüllt hat. Mögen die Völker diesem geheimnisvollen Antriebe widerstehen, sie werden ihm zu indirektem Triumphe verhelfen durch das Unglück, das sie auf ihr eigenes Haupt herabziehen; selbst durch ihre Verbrechen werden sie die göttliche Weisheit und die Gerechtigkeit bezeugen müssen. „Die Geschichte der Völker ist eine Art lebendigen und beweglichen Gewebes, in welches die unzerstörliche und ewige Gerechtigkeit sich ohne Unterbrechung mit einwebt." Die Natur also, die der Dinge wie des Menschen, oder die natürliche Entwicklung, zum anderen die menschliche Freiheit, in beiden und über beiden aber die Göttliche Gerechtigkeit und Weisheit: dieses sind nach St. Martin die drei Stücke, welche die Geschichte der Menschheit wie des Einzelnen bewegen und gestalten. Dass er innerhalb der Natur und der Freiheit aber auch einer feindlichen Macht nicht vergisst, welche die Natur verdarb und die Freiheit missbrauchen lehrt, werden wir gleich sehen.

Er fragt weiter: Was versteht man unter der Volkssouveränität? Die Herrschaft des Gemeinwillens. Aber kann ein Gemeinwille entstehen in einer so verderbten Gesellschaft wie die unsre, zerteilt durch Interessen, Meinungen, Leidenschaften und tausend andere Ursachen? An Stelle eines Gemeinwillens finden wir nur gesonderte Willen, die einander bekämpfen, und von denen nicht der gerechteste, sondern der stärkste es über die anderen davonträgt. Das ist genau der Fall bei dem Teile der Nation, den man besonders das Volk nennt. In Wahrheit hat das Volk weder einen Willen überhaupt noch einen besonderen Willen: es hat nur Leidenschaften, mit deren Hilfe andere es führen nach ihrem Belieben und beugen nach ihren Absichten. „Wer weiß nicht, dass das, was man Volk nennt, überall betrachtet werden muss als das handlichste Instrument für alle die, welche sich dessen bedienen wollen, gleichviel in welchem Sinne? Es wird ihnen ebenso leicht, es zum Tun des Bösen wie des Guten zu bewegen, und man möchte an den Stachelstab in der Hand des Hirten denken, der ihn nach Belieben gebraucht, um sein Vieh dahin zu führen, wo es ihm gefällt: zur Weide, zur Arbeit oder zur Schlachtbank."

Übrigens sei die Souveränität des Volkes nie direkt ausgeübt worden, sondern stets durch Repräsentanten, Abgeordnete, Mandatare, die im Namen des Volkes regieren oder Gesetze machen. Aber auch dies Repräsentationssystem unterliege nicht minderen Einwürfen gegen das Prinzip, dessen notwendige Folge und Anwendung es ist. Einmal sei schwer zu begreifen, wie der Gemeinwille, der in Volke selbst nicht vorhanden ist, in den Vertretern desselben sein könne. Sodann begreife man nicht, wie die Souveränität, wenn sie irgendwo bei den Menschen, wenn sie in Wahrheit bei dem ganzen Volke bestände, übertragen werden könne. Sobald ein Volk sich Vertreter gebe, höre es auf, frei zu sein. Aber die Souveränität sei auch gar nicht ein Attribut der menschlichen Natur: weder Völker noch Einzelne können jenes Vorrecht beanspruchen, weil nach dem Zeugnis der Geschichte beide nur die Organe des Allgemeinwillens sind. Dieser aber ist nicht nur über, er ist auch vor allen Sonderwillen, und nur der Göttliche Wille kann dieses sein, „der Universalwille der ewigen Weisheit, die alles umfasst".

So führt St. Martin, ohne dem natürlichen Verlauf der Dinge und der menschlichen Freiheit zu widersprechen, alles auf Gott zurück, von dem alles komme und zu dem es rückkehren müsse. Das wahre Ziel der menschlichen Gesellschaft könne kein anderes sein als der Punkt, von welchem sie ausgegangen ist. Die Menschen, die Könige, die Priester sind nichts, weder Autoritäten noch Lehrer, wenn sie nicht auf diesem einzig wahren Wege wandeln, d.h. sich als Diener und Werkzeuge Gottes ihren Beruf erfüllen. So ist es also nur eine Art **Theokratie**, eine Gottesherrschaft auf Erden, die er als Ideal der menschlichen Gesellschaft und des Staates aufstellt und fordert, ja deren Verwirklichung er erhofft und erwartet. Doch weder eine gesetzliche Theokratie im alttestamentlichen noch eine papstkirchliche im mittelalterlichen Sinne oder auch im Sinne de Maistres, des späteren Hauptbegründers der Theorie vom christlichen, d.h. katholischen Staate. „Ich habe behauptet, dass nur das theokratische Regiment das wahre sei; ich wiederhole es hier ausdrücklich und lasse keinen Zweifel, dass alle, welche guten Glaubens und nüchternen Verstandes diese Weiten und Tiefen erforschen wollten, auf dieses Endziel zurückkommen müssen. Denn weil der Abfall des ersten Menschen die göttliche Ordnung betrifft, so müssen auch die Strafen, die Schmerzen, die daraus folgen, die Hilfe und die Heilung, die daraus zu erwarten, ebenso an dieser erhabenen Ordnung haften. Nun ist es nur Gott, der den Geist des Menschen kennt und auf diese Pfade leiten kann; und jeder Mensch, der sich das gleiche Vorrecht anmaßte, würde ein Tor oder Betrüger sein." Es ist also die Herrschaft Gottes, vom Himmel auf die Erde verpflanzt, was St. Martin meint, die Regierung des Menschen durch das göttliche Gesetz, die Wiederherstellung des Urverhältnisses zwischen Gott und dem Menschen. Eine „natürliche und zugleich geistliche" Theokratie nennt er es, d.h. eine solche, die weder gegründet noch gestaltet ist von der Hand des Menschen, die in keine formelle Verfassung eingeschlossen ist und in keiner bestimmten Form ausgeübt wird. Es ist das Reich Gottes und seine himmlische Monarchie, aber nicht eine irdische, durch Gesetze der Menschen bewirkten Herrschaft.

Das ist das anzustrebende **Ziel**, und es werde erreicht werden; ein Tag werde kommen und eher als man denke, wo die menschliche Gesellschaft das sein werde, was sie sein soll. Bis dahin aber habe, wie die **Geschichte** zeige, die Menschheit drei Entwicklungsstufen in staatlicher Beziehung durchzumachen gehabt, und zwar abwärts führende Stufen, die sie nun zum Ende hin wieder aufwärts zur ersten zurückbeschreiten müsste. Die erste und früheste Stufe war die vor dem Fall oder vielmehr die, wie sie ohne den Fall bestanden haben würde: wo der Mensch, ganz mit seinem Schöpfer geeint und ganz erfüllt von dessen Geiste, durch eben diesen Geist der Weisheit und der Liebe von der reinsten Neigung zu seinesgleichen beseelt war. Die Gesellschaft würde in diesem Erstzustande, dem vollkommensten aller, weil dem Ursprung am nächsten stehend, eine **göttliche Republik** gebildet haben, ein Volk von Brüdern, wo Tugend und **Frömmigkeit** an Stelle der äußeren Gesetze geherrscht haben würden und die keinen anderen Herrn kannte als die göttliche Vorsehung. Wenn aber im Laufe der Zeiten und bei dem Wachstum der Zahl der Menschen die Tugend allein samt der Frömmigkeit und Brüderlichkeit nicht ausgereicht haben sollte zur Harmonie aller Glieder des gesellschaftlichen Körpers, würde die Tugend die **Gerechtigkeit** als Auslegerin des in die Gewissen der Menschen eingeschriebenen ewigen Gesetzes zu Hilfe gerufen haben, und auf die göttliche Republik würde die **bürgerliche Gesellschaft** gefolgt sein. Doch eine natürliche und ideale zunächst, in der die Gesetze mehr belehrenden als befehlenden Charakter gehabt haben würden: sie hätten angezeigt, was man tun müsse, um glücklich zu sein und im Frieden mit seinem Nächsten zu leben, aber sie hätten noch nicht nötig gehabt, dieses Tun zwangsweise zu fordern. Erst wenn diese Ratschläge für manche fruchtlos geblieben und diese milden und weisen Gesetze öfters verletzt worden wären, würde man die Notwendigkeit einer materiellen Zurückweisung oder Bindung der Übertreter erkannt haben, und den bürgerlichen würden sich Strafgesetze angeschlossen haben. Diese Strafmacht aber sei keine andere als die Gerechtigkeit selbst. Sie sei das Recht der moralischen Selbstverteidigung der Gesellschaft, des Geistmenschen wider die Verletzung des Tiermenschen. Dieses sei aber nicht möglich ohne eine neue Einrichtung, die einer öffentlichen **Gewalt**, welche den Gesetzen zwangsweisen Nachdruck sowohl inneren als äußeren Feinden gegenüber zu geben wisse. Erst diese dritte erteile der bis dahin bloß bürgerlichen Gesellschaft den Charakter der politischen oder des eigentlichen **Staates**.

In Wahrheit aber bilden, nach St. Martin, diese drei Zustände ein einiges Ganzes, in welchem sie immer zugleich und miteinander bestanden. Die Liebe, die Gerechtigkeit und die Macht, alle drei seien in der menschlichen Natur begründet und machen sich auch nach dem Falle noch geltend in der menschlichen Gesellschaft, wenn auch die erste dieser drei nur bei wenigen, den Wiedergeborenen, im Wesen zu finden sei. Das Ziel freilich und die oberste Bedingung dieser einigen Gesellschaft sei, dass die Macht im Dienste der Gerechtigkeit und ihres Gesetzes stehe, die

Gerechtigkeit aber die beste und sicherste Gewähr in der Tugend habe, d.h. in der Sittlichkeit und Frömmigkeit der Einzelnen.

Auf die Form der Verfassung komme es dabei weniger an, sie könne sogar wechseln nach den Zeitaltern und den Bedürfnissen der Gesellschaft. Die Regierung sei nur der äußere Teil des sozialen Körpers, während die Gesellschaft, in ihren verschiedenen Charakteren und ihrem moralischen Ziel betrachtet, das Wesen desselben ausmache. Und welche Form die Völker ihrer Regierung auch geben, der Grund und das Ziel der gesellschaftlichen Vereinigung müsse immer derselbe bleiben — nämlich das Reich der Gerechtigkeit und der Liebe, das Reich Gottes. Wenn daher zur Handhabung der äußeren Ordnungen, der Verwaltung, Polizei und Finanz demokratische, vom allgemeinen Stimmrecht erwählte Volksvertreter genügten, so bedürfe die eigentliche Politik und Gesetzgebung von Gott erwählter menschlicher Werkzeuge, die von seinem Geiste erfüllt, sie in seinem Namen und zu seinem Ruhm ausüben. Ohne eine Beauftragung von oben her sei kein Gesetz in seiner Autorität erklärlich; jedes bedürfe einer göttlichen Sanktion mit ihrer Strafandrohung. Unmöglich könne es das Erzeugnis bloß menschlicher Übereinkunft sein, denn niemand verpflichte sich freiwillig, sich peinlich bestrafen zu lassen. Überdies würden die Gesetze, wenn unter dem Einfluss der Göttlichen Weisheit und durch eine dieser würdige, ihren Sinn richtig auslegende Autorität gemacht, nur der Ausdruck der Natur der Dinge sein und so ihre Sanktion zugleich in sich selber tragen, so dass wer sie verletzte, schon durch die unausbleiblichen Folgen seines Fehltritts genugsam gezüchtigt sein würde. So erklärte sich St. Martin denn auch gegen die Todesstrafe, da es eine der ersten Regeln der Strafgerechtigkeit sei, dass man einem Verbrecher nicht das nehmen dürfe, was man im Fall seiner willigen Rückkehr zur Ordnung ihm wiederzugeben nicht imstande sei. Die Todesstrafe sei überdies tatsächlich wirkungslos, weil sie nicht eine Bestrafung, sondern eine Zerstörung sei, die dem Schuldigen unnütz und seinen gleichgesinnten Zeugen nicht nützlicher ist. „Sie ist eine Strafe, welche den sinnlichen Menschen erschreckt und den materiellen selten bessert." Aber St. Martin übersah hierbei einmal, dass um der Macht des satanischen Geistes in der Menschheit willen und um der Heiligkeit des göttlichen Gesetzes willen die Straf-Gerechtigkeit bis zur Todesstrafe greifen muss, und dass andererseits auch gerade diese den zu Bestrafenden vor seinem Ende zur Buße zu rufen geeigneter ist als jede andere Strafe.

Wer aber sind jene göttlich Beauftragten, berufen, die Gesellschaft aus ihrem Verfall wiederherzustellen durch neue Gesetze und die Völker zu ihrer Bestimmung zu führen? Obgleich durch ihre Natur den anderen Menschen ähnlich, würden sie sich von ihnen unterscheiden durch höhere Fähigkeiten und Einsichten. Der Anblick der Widerwärtigkeit und Gesetzlosigkeit werde ihnen schwereres Leiden als den anderen bereiten, sie werden in stärkerem Maße das Bedürfnis der Ordnung und Gerechtigkeit empfinden. Sodann werden sie einen unerschütterlichen Glauben an ihre Autorität oder höhere Sendung haben und ihre ganze Kraft einsetzen, dieser im Namen der Gerechtigkeit selbst Geltung zu verschaffen. Endlich werden auch die Völker, in jenen ihre Befreier sehend, sich willig ihrer Herrschaft unterordnen, ja ihnen durch Zustimmung zuvorkommen und sich ihrem Willen und ihrer Weisheit überlassen, überzeugt, dass sie ihnen die Gaben der göttlichen Güte und Weisheit vermitteln werden. Und eben in dieser Überlassung oder Verzichtleistung bestehe die wahre Ausübung der Volkssouveränität. So sei diese durch die allgemeine Stimme bestätigte Diktatur Einzelner im Namen Gottes die **Verwirklichung der wahren Theokratie**.

Man sieht wohl, dass der Philosoph hier ein ideales Gemälde des Seinsollenden zeichnet, welche seine Wahrheit indes nicht in dieser, sondern erst in einer kommenden, von Gott selbst heraufgeführten Weltzeit erlangen kann und dann, nämlich bei der **Wiederkunft des Menschensohnes** in seiner Göttlichen Herrlichkeit zu einem tausendjährigen Reiche, dem Sabbat der Erdenwelt vor dem Eintritt in den ewigen Sonnentag durch das letzte und allentscheidende Gericht Gottes, auch **erreichen wird**. Hätte St. Martin hierbei weniger seinen eigenen, obschon auf das Höchste gerichteten Geist, als das Wort und den Geist der heiligen Schrift, die er so verehrte, befragt, so würde seine Darstellung der Wirklichkeit in Gegenwart und Zukunft näher gekommen sein. Jenes Ideal war gut und richtig, aber die Geschichte des gefallenen

Menschen kann nicht durch Aufstellung und Verkündigung von Idealen, sondern nur durch Göttliche Allmachts- und Liebeskräfte zurechtgebracht werden. Wohl erkannte auch er und sprach es aus, dass der göttlichen Theokratie eine „**infernale**" entgegenstehe, in welcher statt des Fürsten des Lichtes und seines göttlichen Gesetzes der Fürst der Finsternis herrsche. Allein er dachte sich dessen Besiegung wohl leichter als sie in der Tat ist.

Derselbe edle, aber in seiner Anwendung auf die Tatsachen und Zustände der Gesellschaft fehlgehende Optimismus beeinflußte denn auch in etwas St. Martins Urteil über die **französische Revolution**, wenn er hierbei auch einen tieferen Blick zeigte als fast alle seine Zeitgenossen. Denn allerdings fasste er sie vom höchsten Gesichtspunkt auf, dem religiösen, und er konnte es, weil er selbst über die politischen Leidenschaften erhaben und um sein eigenes irdisches Dasein und Wohlsein so wenig besorgt war. Sie war ihm nicht sowohl eine menschliche als eine Göttliche Tat, ein Gericht über die Menschheit, aber ein solches, das dieser zum Heil und nicht zum Verderben dienen sollte. Sie erschien ihm als ein übernatürliches Ereignis, eine Züchtigung und Gnade zugleich, ein Werk der Sühne und der Erlösung. Bald fasste er sie als tatsächliche Predigt, eine der ergreifendsten, die je in der Welt gehalten, bestimmt, das menschliche Geschlecht neu zu erbauen, bald als ein Vorbild des Jüngsten Gerichts, bald als „eine Aufgabe, den Menschen gegeben, das Vaterunser besser zu beten als wir es gewohnt sind zu tun". Derselbe Gedanke geht durch mehrere Schriften. In dem „Brief über die französische Revolution" glaubte er zu sehen, dass die Vorsehung sich auf jedem Schritt ihrer Entwicklung bezuge, weil sie auf jedem Schritt neue Wunder vor unseren Augen bereite. Nichts daran sei aus natürlichen Ursachen allein erklärbar; keine menschliche Macht vermöchte solche Wirkungen hervorzubringen, kein menschlicher Gedanke sie begreifen, ehe man sie mit Augen gesehen. Daher könne im Grunde auch nur dieselbe verborgene Hand, welche die Revolution so geleitet hat, deren Geschichte schreiben. Man müsste töricht oder ohne allen Glauben sein, um darin nicht mit Flammenschrift die Ausführung eines Ratschlusses der ewigen Weisheit zu lesen und nicht in ihrer Gegenwart auszurufen, wie vor den Wundertaten Mose die ägyptischen Zauberer: „Das ist Gottes Finger!"

In seinem Nachlass finden sich noch folgende Sätze über diesen Gegenstand. „Wenn ich über die Strenge der Göttlichen Gerechtigkeit nachdenke, die auf das französische Volk in der Revolution gefallen ist und die es noch bedroht, empfinde ich, dass es ein Ratschluss der Vorsehung war, und dass alles, was in diesen Umständen die Menschen der Sehnsucht tun können, wäre, durch ihre Gebete diese Plagen von sich selbst abzuwenden; dass sie aber nicht erlangen könnten zu verhindern, dass dieselben nicht auf die Schuldigen und auf die Schlachtopfer fielen."

„In Betreff der schrecklichen Leiden, welche Frankreich während der Revolution heimsuchten, hat man mir manchmal das Schicksal so vieler vorgehalten, welche anscheinend von der Vorsehung verlassen waren. Ich konnte darauf nur antworten, dass wir so ins Niedere und Materielle versunken sind, dass wenn dieses für uns gestört oder uns genommen werden soll, wir meinen, alles sei uns genommen und wir nun ohne alle Hilfe. Nichtsdestoweniger ist es wahr, dass das Los vieler durch die Revolution unglücklich gewordener Menschen wahrhaft beklagenswert ist. Ich selbst war einen Augenblick ratlos, wie die Frage zu lösen sei. Da ich aber an die Hand der Vorsehung in unserer Revolution glaubte, kann ich gleicherweise glauben, dass vielleicht zu-weilen Sühnopfer nötig sind, um das Gebäude zu erhalten und zu festigen. Alsdann bin ich nicht unruhig über ihr Schicksal, wie schrecklich es auch sei, was wir sie in dieser niederen Welt erleiden sehen."

„Das irdische Wohlsein erschien mir so sehr ein Hindernis für den [wahren] Fortschritt des Menschen, und die Zerstörung seines Reiches in dieser Welt ein so großer Gewinn für ihn, dass mitten unter den Wehklagen, die der Umsturz des Bestehenden durch eine Reihe von Unschicklichkeiten und durch Unwissenheit unserer Gesetzgeber während der Revolution veranlasste, ich oft nahe daran war zu bitten, dass diese Art der Unordnungen noch größer würde, um dem Menschen die Notwendigkeit fühlbar zu machen, sich in allen Lagen auf seinen wahrhaften Fels zu stützen."

„Mein Schmerz in der Revolution war, zu sehen, dass die meisten Menschen wähnten, weil man den Weingärtner verworfen habe, müsse man auch den Weingarten verwerfen."

„Meine Seele ward durch den Bericht aller jener Ungerechtigkeiten zerrissen und ich fühlte, dass in solchen Lagen Mut zu haben leicht sei, weil das Bewusstsein der Ungerechtigkeit stärker als das des Lebens sei. Auch sind fast alle Schlachtopfer als Helden gestorben. Welche Pein ist vergleichbar der, zu fühlen, dass alle jene Mörder dadurch vor das höchste Gericht eine Menge Zeugen vorausgesandt haben, welche sie anklagen und verdammen noch vor der Stunde ihres Urteilsspruches!"

Endlich: „Ich bete besonders für die Seelen so vieler unglücklicher Schlachtopfer, welche die verschiedenen Plagen hinwegrafften, ehe sie sich gelöst hatten von den herabziehenden Fesseln ihres Gefängnisses. Denn kaum vermag ich für die Leiber zu bitten, dafern, wenn nur die Seele sich zu erheben verstand, der Tod ihres Leibes kein Unglück mehr für sie ist."

Weiter heißt es in dem Brief an einen Freund: „Glaube doch nicht, dass unsere französische Revolution gleichgültig sei für die übrigen Länder der Erde; ich betrachte sie als die Revolution der Menschheit. Es ist ein Miniaturbild des Weltgerichts und trägt alle Züge desselben an sich. Nur dass die Dinge hier nacheinander geschehen müssen, während am Ende alles sich wie in einem Augenblick vollziehen wird. Frankreich ist zuerst heimgesucht worden und zwar sehr strenge, weil es sehr schuldvoll war. Aber die Länder, welche nicht besser sind, werden nicht mehr geschont werden als Frankreich, wenn die Stunde ihrer Heimsuchung schlagen wird. Ich glaube mehr als je, dass Babel nach und nach auf dem ganzen Erdkreis verfolgt und gestürzt werden wird; was aber nicht hindern wird, dass es in der Folge einen neuen Schoß treibe, der erst am Endgericht vertilgt werden soll; denn in der gegenwärtigen Weltzeit wird die Heimsuchung noch nicht das Innerste treffen." Ferner: „Diese Revolution ist das Erbeben aller menschlichen Gewalten, welche vor ihrem Hinschwinden gegen eine geheimnisvolle Macht ankämpfen, die sie nicht geahnt haben und die an ihrer Stelle herrschen wird!" Weniger erkannte St. Martin die andere, infernale Seite in diesem Gottesgericht, oder den Teufel als den Scharfrichter Gottes und Menschen als Werkzeuge nicht nur des göttlichen Richters, sondern auch den höllischen Nachrichters. Dazu sah er das Sündig-Verbrecherische mehr auf einer Seite der Parteien als auf beiden. Er machte vor allem die, allerdings dazumal in Frankreich in so vielen ihrer Träger, besonders der höheren Geistlichkeit, sehr entartete **Kirche** für die Katastrophe verantwortlich; ja er nannte diese äußere und veräußerlichte Kirche eine Betrügerin der Menschen, dafern ihre Diener durch Geld- und Ehrgeiz und allerlei Laster die Seelen um das Brot des Lebens betrogen — wie es wohl zum großen Teil geschah. „Allen Schriften zufolge und noch mehr nach dem unauslöschlichen Buch, ins Herz der Menschheit geschrieben, wollte die Vorsehung der einige Gott der Völker sein, aber die Geistlichkeit wollte selbst diese Vorsehung für sie sein. Indem sie von diesem Gott sprach, suchte sie nur ihr eigenes Reich aufzurichten und wusste doch nicht einmal Gottes Dasein zu verteidigen."

Demnächst klagte er das **Königtum** als die Ursache der Umwälzung an, das aber durch die Kirche mit verdorben sei, welche, um ihre Begehrlichkeit und ihren Stolz zu befriedigen, alle Missbräuche des Despotismus sanktioniert hätte. Indes habe das Königtum aller Länder durch seinen Hochmut gefehlt, der den Fürsten eingab, dass ein ganzes Volk nur in Einem Menschen konzentriert sei („Der Staat bin ich", sagte Ludwig XIV.), während aller Staatsmänner Pflicht ist, sich zu vergessen, um sich nur im Volke zu sehen und diesem zu dienen." Minder groß sei die Schuld des **Adels**. „Dieser missgestaltete Auswuchs unter den von Natur gleichberechtigten Menschen war in Frankreich durch Könige und Minister schon so erniedrigt, dass er sozusagen nur noch leere Namen und eingebildete Titel zu verlieren hatte." Doch auch die Revolutionäre schonte St. Martin nicht. „Gott hat gewollt, dass ich alles auf Erden sehe. Lange Zeit hatte ich den Missbrauch der Macht der Großen gesehen, so war wohl nötig, dass ich auch den Missbrauch der Macht der Kleinen sehen sollte." „Die Feinde der Kirche und der Monarchie bildeten sich ein, dass alles getan sein würde, wenn ihnen die Zerstörung dieser beiden Mächte gelänge. In ihrer Blindheit ahnten sie nicht, dass ihre Schläge noch weiter treffen und dass die Vorsehung sich ihrer bedient, um durch Menschenarm die eitle Herrschaft des Menschen auf Erden zu vernichten."

Ebenso wahr ist es, wenn er die Revolution mit einem Wundarzte vergleicht, der aus dem Gesellschaftskörper die fremden Stoffe entfernen soll, welche die Laster desselben ihm eingeimpft haben. Dazu habe Gott die Menschheit in diese furchtbare Krisis gebracht, um sie aus dem Todesschlaf zu wecken, der ihre besten Anlagen und Kräfte erstickte, um durch Schrecken und Pein diese wieder lebendig zu machen und so die Gesellschaft wiederzugebären durch Zerstörung der Missbräuche und Vernichtung der Mächte, welche die Werkzeuge ihrer Verderbnis waren. Zu diesem Zweck sei auch das dabei in Strömen vergossene Blut, auch das Blut vieler Unschuldiger nicht zu teuer gewesen; sei doch das Blut der Sitz aller Unreinheit des himmlischen Lebens, seine Vergießung also eine Sühne und eine Befreiung mit eins. (Dieser Gedanke, welchen später de Bonald und de Maistre zusamt so vielen anderen Anschauungen St. Martins über die Revolution weiter ausführten, wurde doch erst durch Franz Baader auf seine volle Wahrheit zurückgeführt und in das Licht der biblischen Offenbarung gestellt.)

Im Blick auf unsere heutige Zeit und das ganze seitdem verflossene, „revolutionäre" Jahrhundert können wir dieses Stück von St. Martins schriftlichem Wirken nicht besser beschließen als mit folgenden Worten aus seinem ahnungsvollen und gewissenhaften Geiste. „Einer der großen Zwecke der französischen Revolution war, den Menschen vor Augen zu malen, was aus ihnen werden würde, wenn Gott sie dem Zorn seiner Gerechtigkeit einmal völlig dahingäbe, d.h. dem Zornwüten ihrer eigenen Finsternisse. Er wollte ihnen die vergiftete Wurzel zeigen, auf der die Herrschaft menschlicher Gewalt beruht. Er wollte ihnen sichtbarlich kundtun, dass Er die Quelle einer ungleich liebevolleren und heilsameren Herrschermacht für sie ist. Wehe, wehe denen, welche die große Lehre, die Er uns damit gibt, ungenützt vorbeigehen lassen! Er wollte uns näher zu Gott bringen; aber die unglücklichen Menschen tun alles, und werden es ferner also tun, was nur zu desto weitere Scheidung von Ihm führen muss!"

Vorwort von Varnhagen von Ense

Zur Erkenntnis der Begebenheiten würde deren bloße Erzählung hinreichen und diese in gleichem Maße die Tatsachen wie die Bedeutung des Geschehenen ausdrücken, wenn für das Werk der Geschichtsschreibung stets nur vollendete Meister und begünstigende Umstände vorhanden wären. Allein solche Höhe und Fülle der Bildung ist selbst in den glücklichen Beispielen des Altertums mehr angedeutet als erreicht worden, und das Anwachsen des Stoffs, der Umfang seiner Beziehungen und der Menge seiner Einzelheiten machen für die neuere Zeit immer schwerer, den Vorbildern der Alten nachzustreben. Deshalb zerstreut sich die Geschichtsschreibung in die Verschiedenheit einzelner Tätigkeiten, welche zwar die bloße Erzählung zum Zwecke haben, aber diese selten liefern, sondern als künftiges Ergebnis voraussetzen. In diesem Sinne sind vorzüglich zweierlei Richtungen zu bemerken, von welchen die eine in gelehrten Forschungen und Untersuchungen hauptsächlich den Tatsachen in ihrer äußeren Gestalt, dem Körper der Geschichte, gewidmet ist, die andere in allgemeinen Betrachtungen und Überlegungen den Geist derselben zu erfassen strebt. Diese Trennung des ursprünglich Vereinten, wobei die Kunst der Geschichtsschreibung nicht geübt wird, begründet immer eine Einseitigkeit, in welcher ein wesentlicher Mangel fühlbar ist; allein die vortrefflichsten Köpfe unter allen Völkern haben sich dieser Trennung gefügt und nach beiden Richtungen außerordentliche Werke geliefert, aus denen das volle Leben der Vergangenheit sich wenigstens in unserer Vorstellung wieder zusammensetzen kann. In jedem Falle sind diese einseitigen Bemühungen in ihrem Fleiße und in ihrer Redlichkeit den anderen Versuchen vorzuziehen, welche beide Seiten der Geschichtskunde wieder verbinden wollen, indem sie ausgewählte Tatsachen und vorgefasste Ansichten willkürlich füreinander zubereiten.

Fern von solchem Versuche steht der Verfasser der Schrift, die hier vorliegt, ganz auf derjenigen Seite, wo die äußere Kenntnis der Begebenheiten vorausgesetzt und nur die geistige Bedeutung derselben ergründet werden soll. Seine Betrachtungen vermeiden sogar das Einzelne, indem ihnen nur die Hauptumrisse der Begebenheiten, wie sie unbestritten bekannt sind, zur Grundlage dienen, alle Nebenzüge aber dem mannigfachen Urteile der verschiedenartigsten Ansichten überlassen bleiben. Schon die Reinheit der Behandlung in dieser Schrift durfte ein Reiz werden, ihre Wiederbelebung zu versuchen, in Tagen, wo ein unreines Verfahren mit geschichtlichen Stoffen unseren begabtesten Schriftstellern zum Vorwurfe gemacht werden muss. Aber ein noch ungleich größerer Reiz liegt in dem Gegenstande, der hier bearbeitet worden, und der für unser Nachdenken und für unser Handeln von höchster und unmittelbarster Wichtigkeit ist.

In den Gräueln der Schreckenszeit hat Saint-Martin die Seherflüge getan, die erst jetzt, in allmählicher Nachfolge der Tatschen, auch dem gewöhnlichen Auge sich eröffnen. Sein Beispiel kann uns zeigen, welchen Weg unser Urteil zu verfolgen hat, um nicht aus träger Misskennung in falsche Handlungsweise zu geraten, sondern in wachsamer Einsicht zu richtigen, heilbringenden Ergebnissen fortzuschreiten. Unsere bedenkliche Übergangszeit hat über das Schicksal künftiger Geschlechter eine furchtbare Entscheidung auszuüben, größtenteils hängt diese von der Vorstellung ab, die wir von dem Nächstvergangenem haben, denn diesen Stoff gilt es zu verarbeiten; je geläuterter unsere Einsicht, je wahrhafter und sittlicher unser Urteil ist, desto treffender und angemessener wird unser Wirken, und gegen die Wiederholung der Revolutionen kann vielleicht nur die tiefste Erkenntnis derselben schützen! Der Gewinn an Ergebnissen in diesem Bezuge kann auf mannigfache Weise, durch viele Schriften und Betrachtungen, vermehrt und geläutert werden; seltener wird der Gewinn eines solchen Beispiels sein, wie die gegenwärtige Schrift auch für die hohe geistige Behandlung dieser Gegenstände liefert. Die geistreiche Eigentümlichkeit des Gedankenvortrages, der tiefsinnige Witz dieser frommen Einfalt, wird auch von denen anerkannt werden müssen, die, in Grundsätzen, Absichten und Art und Weise von dem Verfasser ganz verschieden, gleichwohl die Zeichen geistigen Wertes, wo sie auch sein mögen, nicht ableugnen wollen.

Hierzu kommt, dass gerade von dieser Gegend her, in welcher Saint-Martin vorzugsweise heimisch ist und Führer sein kann, aus den Gebieten der philosophierenden und religiösen Ansichten, über die Tatsachen, Richtungen und Gründe jenes Zusammenhangs von Begebenheiten in neuerer Zeit so häufig ein fast gänzliches Verkennen ausgebreitet worden ist, das in nachgesprochenen allgemeinen Urteilen dem Dünkel und der Unwissenheit frönte. Es ist nötig, dass von dieser Gegend her, unter so vielen Unberufenen, endlich auch wieder ein Berufener vernommen werde, und wer könnte dafür mehr gelten als Saint-Martin, der einen hohen Rang unter den religiösen Denkern und Wirkern einnimmt, der inmitten der Dinge gelebt hat, dessen Geistestiefe, Seelenreinheit und Zeugnisfähigkeit auch unter uns beglaubigt ist? Seine Verehrung für die Kirche, seine entschiedene Vorliebe für das Königtum sind überdies zu bestimmt und gründlich ausgesprochen, als dass bei der Betrachtung der Stürme, welche gegen beide gerichtet gewesen, der Strom der augenblicklichen Volksmeinung ihm jemals hätte verirren können, wenn auch sein wissenschaftlicher Geist ihn nicht schon weit darüber erhoben hätte. Merkwürdig ist vor allem seine Widerlegung der Lehre von der Oberherrlichkeit des Volkes, die hier aus den tiefsten Gründen bestritten wird.

Die Übersetzung dieser Schrift ist zugleich eine neue Herausgabe. Die französische Urschrift scheint im Gewühle der Tagesflut größtenteils unbeachtet fortgeschwemmt und nur in wenigen Abdrücken erhalten zu sein. Der Verfasser hat seine Sprache mit Eigentümlichkeit behandelt, er besitzt Strenge des Ausdrucks und Freiheit in einem bei französischen Schriftstellern seltenen Verein, der sich der deutschen wissenschaftlichen Sprachbehandlung nähert. Für die Übersetzung entstanden hieraus besondere Schwierigkeiten, das treue Wiedergeben des Sinns hing oft von dem Wiedergeben des Wortes ab, und Rundung und Leichtigkeit der Rede musste nachstehen. Dem Leser wird aber im Übrigen die Bemerkung nicht entgehen, dass der geistige Strahl, welcher gleichsam die Worte beseelt, im deutschen Ausdruck oft tiefer und kraftvoller widerscheint als im französischen, und dass die deutsche Übersetzung, wenigstens bei solchen Werken, durch das Verdienst unserer Sprache, den geistigen Inhalt leicht in höherer Farbe gibt als die Urschrift selbst.

Karlsruhe, im Juli **1819**.

Sendschreiben an einen Freund,

oder

höhere Betrachtungen

über die französische Revolution.

―――――――

Von dem unbekannten Philosophen

(Saint-Martin.)

―――――――

Aus dem Französischen übersetzt.

For human weal heave'n husbands all events.
Night-Thoughts. I. 105.

Sei guten Muts, mein Freund! Noch gibt es Franzosen, welche den Umsturz der vormaligen Kirche keineswegs als ein Unglück für die Religionswahrheiten ansehn, sondern die Überzeugung tragen, dass diese dabei nur unendlich gewinnen können. Ich bin einer von diesen Franzosen, du wirst aus diesem Schreiben ersehen, bis zu welcher Höhe sogar meine Zuversicht in diesem Punkte steigt; im Voraus bekenne ich dir, dass ich in jedem Schritte unserer erstaunenswürdigen Revolution das Offenbarwerden der Vorsehung zu erblicken glaube.

Ich glaube, dass deren gerechte Hand die Vertilgung der Missbräuche zur Absicht gehabt, von welchen der ehemalige Regierungszustand Frankreichs in allen seinen Teilen angesteckt war, Missbräuche, unter denen die Ehrsucht der Priester und die entheiligende Veruntreuung ihres Berufes die erste Stelle behaupteten.

Ich glaube, dass die Vorsehung, nachdem sie diese gewaltigsten Missbräuche ausgerottet, dem französischen Volke und weiterhin noch vielen anderen Völkern Tage des Lichtes und des Friedens geben wird, deren ganzen Wert unsere Gedanken vielleicht noch nicht ermessen können.

Ich glaube letztlich, dass sie zum Zweck gehabt, den Geist des Menschen von allen Flecken zu säubern, mit welchen er sich täglich in seiner finsteren Dumpfheit besudelt und von denen sich selbst zu reinigen er nicht stark genug wäre, wenn sie ihn seinen eigenen Mitteln und den schwachen Anstrengungen seines untätigen Willens überließe.

Diese zugleich politischen, philosophischen und religiösen Betrachtungen haben mich häufig während des sechsjährigen Entwicklungskampfes, in den wir noch jetzt sind, beschäftigt. Der Augenblick ist gekommen, sie zu sammeln und zu ordnen; ich unternehme dies mit desto größerer Lust, weil die Hoffnung, meinem Vaterlande nützlich zu sein, mich dabei leitet und weil dies fast die einzige Art ist, wie ich meine Schuld ihm abzutragen vermag.

Aber bevor ich mein Glaubensbekenntnis über diesen großen Gegenstand erörtere, auch bevor ich einige politische Grundlagen auseinandersetze, die sich meinem Gegenstande anschließen und welche du wahrscheinlich nicht erwartest, erlaube mir, mein Freund, einen Blick auf die mangelhaften Mittel zu werfen, welche die meisten Beobachter und Philosophen anwenden, um ihre Sache zu verteidigen, das heißt, um Gott zu beweisen und seinen Dienst uns zu lehren.

Ich bekenne mit ihnen, dass die Natur uns augenscheinlich das Dasein einer schöpferischen Ursache dartut; ich will selbst hinzufügen, dass nicht zu zweifeln ist, ob diese schöpferische Ursache in all ihren Werken einen Zweck habe, da wir ja schon in den unsrigen einen haben; aber, mich dünkt, sich auf den Beweis der schöpferischen Macht des höchsten Prinzips beschränken, wie sie es tun, heißt nicht, uns die erhabenste der Eigenschaften darbieten, die seine Wesenheit bilden: es bleibt uns noch der gerechte Gott, der über freie Wesen herrschende Gott, der liebende Gott zu beweisen, der Gott endlich, der unseren Seelen und unseren Gedanken die Wege anzeigt, durch die wir den Absichten seiner Weisheit entsprechen können, und der als solcher ein Recht hat auf unser Vertrauen, auf unsere Liebe und auf unsere Huldigungen.

Nun aber würden wir gar nicht all diese Bestimmungen von den Wesen fordern, welches nur die schöpferische Ursache der Natur wäre und welches bloß fortführe, dieselbe in ihrem Laufe zu erhalten, da diese Ursache in den Gesetzen, durch welche sie das Weltall leitet, gebunden und gleichsam eingenötigt ist, indem die Erscheinungen dieser Natur regelmäßig und in abgemessenen Zeiten vor unsere Augen wiederkehren, ohne dass wir den Urheber derselben anzurufen brauchten, und selbst wenn wir uns um sein Dasein gar nicht bekümmerten.

Also nur durch die Betrachtung der Natur das Dasein Gottes dartun, heißt nicht auf eine feste und vollständige Weise sein wahres Wesen aufstellen und noch weniger die Notwendigkeit, ihm Huldigung zu bringen, da zuvor der Gott darzutun ist, welcher diese Huldigung anzunehmen bereit ist, der Gott, welcher fähig ist, sie zu genießen, sie nach dem Maße seines eigenen Heiligtums zu würdigen und uns den Wert davon zurückzugeben.

Noch mehr, wenn es für uns keinen anderen Gott gäbe als den allmächtigen Gott und Schöpfer der Natur, so würden die Worte **Huldigung** und **Religion** (welche zwar in der Tat nicht ganz dasselbe sind) vergebens in den Gedanken des Menschen gekommen sein; oder, um richtiger zu sprechen, sie würden dahin niemals gekommen sein, da wir sehen, dass diese Namen und die Sache, welche sie ausdrücken, nur von der Menschengattung gekannt werden und allen anderen Gattungen der Geschöpfe gänzlich fremd sind, welche doch, wie wir, unter der Herrschaft und Waltung der Natur stehen.

Überdies finde ich aber diesen Beweis, welchen die Beobachter aus dem einfachen Schauspiel der physischen Dinge entlehnen, nicht nur unzulänglich, sondern sogar fast ganz unnütz, sofern er nämlich den rein naturalistischen Philosophen gelten soll: denn die Naturalisten sind keineswegs Atheisten, wie man annimmt; und wenn man ihre Meinungen über diesen Punkt sorgfältig prüft, so sieht man, dass ihr Irrtum mehr in Versetzung der schöpferischen Ursache der Natur als in deren Verleugnung besteht; ja, sie leugnen sie weniger als dass sie dieselbe versetzen, denn der Weise setzt diese Ursache außerhalb der Natur, und sie dagegen, sie setzen dieselbe in die Natur: das ist der ganze Unterschied. Und wirklich dürfen wir nicht weiter mit dem unbestimmten Namen Zufall stehen bleiben, den sie dieser Ursache beilegen, und nur der beweist, dass sie nicht wissen, wie sie diese nennen sollen, aber keineswegs, dass sie das Dasein derselben abstreiten.

Der wahre Atheist, wenn es einen solchen gibt, und folglich der wahre Gottlose, ist derjenige, welcher, seine Blicke auf die menschliche Seele richtend, deren Größe verkennt und deren unsterbliche Geistigkeit abstreitet, da wir nur in der Eigenschaft und Unermesslichkeit der Gaben und Tugenden, deren die Seele des Menschen fähig ist, die reinen und heiligen Strahlen, aus welchen sich das Bild des Gottes der Wesen gestalten muss, gleichsam im Spiegel können zurückleuchten sehen; die menschliche Seele auslöschen also heißt gleichsam mit einem düsteren Schleier die Gottheit verhüllen, welche diese Seele allein die Macht hat, in allen Welten lebendig zu bezeichnen, heißt diese ewige Sonne, aus der alles hervorkommt, auslöschen, und sie, mit der Allheit der Dinge, in die Trauer und das Dunkel der Nacht tauchen.

Das einzige Mittel, welches wir demnach hätten, den gerechten Gott, den über freie Wesen herrschenden Gott, den Gott der Liebe und Urquell eines für andere Wesen mitteilbaren Glückes darzutun, würde ohne Zweifel sein, in seinem Geschöpfe das Dasein einer Grundlage oder einer Wesenheit nachzuweisen, die ihm entspräche und fähig wäre, das Glück, dessen Ursprung er ist, zu empfangen und zu fühlen; würde sein, das geistige und unsterbliche Dasein der menschlichen Seele zu beweisen, da diese menschliche Seele, die in ihrem Grunde und in ihrer Vollständigkeit ganz Verlangen und ganz Liebe ist, dann als das tätige Zeugnis des heiligen und liebenden Gottes dastände, wie die physische Natur das leidende Zeugnis des mächtigen und schöpferischen Gottes ist, und wir damit also den ganzen Grund des Gebäudes gelegt hätten und es dann nur noch darauf ankäme, an seinem Aufbau fortzuarbeiten; denn es ist ohne Zweifel schon viel, das unsterbliche Dasein dieser menschlichen Seele anerkannt zu haben, wie manche besseren Geister auf der Erde getan; aber eine Sache anerkennen ist noch nicht immer, sie beweisen.

Um ein so wichtiges Ziel zu erreichen, müsste, dünkt mich, der Gang der beiden Bildungsstoffe, aus welchen wir bestehen, sorgfältig unterschieden und nicht unsere Sinne für den Ursprung unserer Gedanken genommen werden, deren Werkzeug sie nur sind; wie man eine Leitungsröhre auch ja nicht für den Ursprung des elektrischen Funkens nimmt, der vermittelst ihrer das Leben in den Nerven aufweckt; eine grobe und unverzeihliche Verwechslung, durch welche die materielle Philosophie unablässig die größten Zerstörungen bewirkt.

Es wäre in Betracht zu nehmen, dass die Macht der Materie über unseren Geist nur eine leidende Macht ist, mit welcher sie zwar das Spiel und die Kräfte desselben in sich hineinziehen kann, wie man es in tausend Gelegenheiten sieht, aber nicht ihn selbst zerstören oder vernichten, da mit dem Aufhören der Hindernisse, welche sie ihm entgegensetzt, er seine Rechte wieder einnimmt und sich wieder so zeigt, wie er gewesen.

Es wäre zu betrachten, dass mit dieser bloß leidenden und einziehenden Macht sie nichts Tätiges auf unser Wesen zu wirken noch irgendetwas in diesem geistigen **Wir**, welches unserer körperlichen Hülle inwohnt, zu erzeugen vermag; während unser Geist die tätige Macht besitzt, in dieser Materie, welche ihn einschließt, tausend Fähigkeiten, tausend Gaben und tausend Kräfte zu schaffen, die sie durch ihre eigene Natur nicht gehabt hätte; lauter Beweisstücke, die auf die Wunder unserer Künste und aller unserer körperlichen Übungen gegründet und in wissenschaftlichen Werken über diese Gegenstände bestätigt sind.

Es wäre vor allem zu betrachten, dass die Seele des Menschen nur von Bewunderung leben kann und dass nur er allein von allen anderen Wesen der Natur dieser Bewunderung fähig ist; dass das Bedürfnis derselben im Menschen über ihm eine unerschöpfliche Quelle dieser selben Bewunderung voraussetzt, welche unsere allernötigste Nahrung ist, sonst würde unser zeugender Ursprung uns betrogen haben, indem er uns mit einem gebieterischen Verlangen gebildet hätte, welches zu stillen er nicht vermögend gewesen wäre; dies aber beweist zugleich, mit einem Zuge, das Dasein eines höchsten und bewundernswürdigen Wesens, welches von seiner eigenen Bewunderung lebt, die unbedingte Überlegenheit, die wir über alle Wesen der Natur behaupten, weil wir die einzigen sind, welche an der Lieblichkeit dieser Bewunderung teilhaben können und endlich unsere unsterblichen Beziehungen und unsere heilige Verwandtschaft mit dem ewigen und unauslöschlichen Feuerquell des Lebens und des Lichtes.

Von daher würden wir auf natürliche Weise diese köstliche Gebühr der Liebe und Huldigung sich herableiten sehen, die wir ihm aus liebendem Anteil mehr als aus knechtischer Furcht darböten und welche aus diesem Grunde einen größeren und schöneren Namen als den der Religion haben sollte, welcher letztere immer etwas Düsteres mit sich führt.

Denn vor dem Gebrauche dieses Wortes **Religion**, welches so vieles Weh über die Erde gebracht, hätte man damit anfangen sollen, uns den wahren Sinn desselben zu eröffnen und uns die natürliche Bedeutung dieses Wortes zu entwickeln, die keine andere sein kann als diese: mit ihrer Quelle oder ihrem Ursprung die

Wesen wieder mühsam zu vereinigen oder zu verbinden, welche sich davon abgewichen finden möchten; das heißt, nach Festsetzung des geistigen und unsterblichen Daseins der menschlichen Seele, die ihrem Wesen nach berufen ist, um Beziehungen mit Gott zu haben, hätte man auf den sichtlichen Verfall dieser Beziehungen hinzeigen sollen, ein Verfall, dessen Ursache des Menschen Gedanke überall suchen darf, nur nicht in dem höchsten Ursprunge selbst, in welchem allein sie nicht gefunden werden kann, da dieser seiner Wesenheit nach nur Ordnung und Einklang ist und hervorzubringen vermag; aber ein Verfall, der durch die Unordnungen der Erde und durch eine einzige der steten Beunruhigungen der menschlichen Seele tausendmal mehr bewiesen ist als das Gegenteil durch all die Behauptungen und das Stammeln der Philosophen sein kann.

Man hätte uns zu betrachten geben müssen, dass die Freiheit in ihrem wahren Sinne als das Vermögen eines jeden Wesens zur Erfüllung seiner Gesetze uns so gut wie allen übrigen Wesen gehört haben muss, sonst hätte der Urheber der Dinge in Betreff unserer eine Ausschließung verfügt, die ebenso grausam als folgewidrig wäre, in Betracht der großen Bestimmung, die wir in unserer ursprünglichen Wesenheit wahrnehmen; aber dass, wenn uns notwendigerweise dieses Vermögen gegeben worden und wir gleichwohl dasselbe nicht mehr haben, wie unser Elend genug beweist, wir wohl selbst an diesem Verluste schuld sein müssen, weil der oberste Ursprung, welcher seinem Wesen nach der ewige Erzeuger dieses Vermögens ist, nicht zu gleicher Zeit dessen Tod und Zerstörung erzeugen kann.

Man hätte im Gegenteil die unauslöschliche Liebe dieses höchsten Ursprungs für seine Hervorbringung uns schildern und uns zeigen müssen, wie diese lebendige Liebe seit dem Verfall unserer anfänglichen Beziehungen nur bemüht gewesen, die Pfade zu vervielfältigen, durch welche die menschliche Seele sich ihr wieder nähern und vereinigen könnte, als der einzigen Mitte, wo sie ihre Ruhe zu finden vermöchte. Denn, wenn es schon Unsinn heißen muss, unsere Erniedrigung, auch wenn man sie noch keineswegs zu erklären wüsste, leugnen zu wollen, ebensolcher Unsinn wäre es, die Liebe des obersten Ursprungs für sein Geschöpf und Ebenbild zu leugnen, und es wäre nicht minder unsinnig zu leugnen, dass er nicht zu allen Zeiten und auf alle Weisen für den Menschen Wege der Wiedereinsetzung und der Wiedergeburt geöffnet habe. Sind aber diese Wege durch die Liebe eröffnet, wer dürfte deren Zahl und Ausdehnung zu umschränken wagen?

Die Notwendigkeit selbst des Daseins dieser unzählbaren und heilsamen Wege zieht keineswegs die Vorstellung eines blinden und uns zwingenden Geschickes nach sich, da diese Notwendigkeit ein noch notwendigeres Gesetz vor sich findet: das der Liebe. Denn, bekennen wir es hier mit einer hinreißenden und heiligen Kühnheit, Gott selbst ist rücksichtlich all seiner Geschöpfe in dem Schicksalszwange der ewigen Liebe, welche ihn an dieselben bindet, ohne sich von ihnen ablösen zu können. Aber wie weit ist dieses Geschick, das er sich selbst auferlegt, als die eigne Quelle seiner Neigungen, wie weit ist, sag ich, dieses Geschick, das sich auf die Allheit seines lebendigen allumfassenden Daseins gründet, entfernt von jenem knechtischen und finsteren Schicksalszwange, mit welchem die Dichter und Philosophen den Schöpfer befleckt haben, so oft sie uns den Schlüssel der veränderlichen und unwillkürlichen Bewegungen seines Geschöpfes nicht zu geben gewusst! Nichts ist erhabener in ihm als diese Notwendigkeit selbst, denn unvollständig die Tiefe seiner Liebe zu zeigen, muss sie uns die Macht lassen, dem unaufhörlichen Entgegenkommen dieser höchsten Liebe zu entsprechen oder zu widerstehen, damit diese Liebe auf einiger Verwandtschaft, auf einer Grundlage, die frei wie jene ist, ruhen könne und damit wir zugleich die Würde unseres Daseins empfinden, die uns gestattet, nach freiem Willen diese Grundlage sein zu dürfen, auf welcher jenes göttliche und ewige Geschick ruhen möge, die Gott zu dem größten, furchtbarsten und liebenswürdigsten Wesen macht, weil sie ihn immer und unter allen Beziehungen zu dem liebendsten, lebendigsten Wesen macht.

Unter diesem Gesichtspunkte der unerschöpflichen Liebe des höchsten Ursprungs, der nur beschäftigt ist, für sein verirrtes Geschöpf die freien Mittel der Rückkehr zu ihm hervorzubringen und zu vervielfachen, hätte man uns zeigen können, wie sehr das Wort **Religion** weniger düster durch die herrliche Aussicht erscheint, die es uns für die einstige Erhebung zu dem Worte **Huldigung** darbietet, und durch die Unermesslichkeit der Wege, die sich dazu unter unseren Schritten eröffnen, da die Liebe, dem allgemeinen Mittelpunkte aller Dinge angehörend, alles muss begleiten können, was aus den Händen ihres obersten Urhebers hervorgeht; man hätte uns überdies zeigen können, dass es nicht allein die Handlungen seiner Liebe sind, welche der höchste Ursprung zu diesem Werke ersten Ranges verwendet, sondern auch die Handlungen seiner Weisheit und seiner Macht, um uns diesem Zustande des Schmachtens und der Gewalt zu entreißen, im welchem die menschliche Seele sichtlich gefangen ist.

Und hier ist es, wo die physische Natur unter den Zeugnissen, welche die Vernunft fordert, ihre Stelle einzunehmen und wir den vollständigen und allgemeinen Gott zu sehen hätten, wie er uns alles, was in ihm ist, darbietet und uns zu unserer Wiedervereinigung mit ihm zu helfen! Denn wenn in seinem Zustande der Übereinstimmung der Mensch dazu gemacht ist, um mit Entzücken Anteil und Genuss an allen wundervollen Werken der Gottheit zu haben, so nehmen alle diese Werke veränderte Beziehungen zu dem Menschen an, sobald er in die Unübereinstimmung hinabsteigt, und wenn sie unter diesen veränderten Beziehungen für ihn nicht mehr die Mittel so lebhafter Geheimnisse sind wie in seinem Zustande der Regelmäßigkeit, so sind sie doch immer für ihn Mittel der Wiederkehr, und alsdann werden sie für ihn Religionen.

Also, die Elemente, die Luft, der Schall, die Dauer, die Zeit, die Sprachen, die Größenrechnung, die innere Verbindung, die zwischen den guten Sitten und den Grundlagen der natürlichen und bürgerlichen Gesellschaft besteht, die politischen Ordnungen, deren Erfindung uns, da wir nichts schaffen können, weniger als wir glauben angehört, die Geschichte des Menschengeschlechts, das Gemälde selbst seiner Vorurteile und seiner allgemeinen Irrtümer, in welchen man wahrscheinlich einen solchen festen Rückstand gefunden hätte, wenn man geduldig und aufmerksam genug gewesen wäre, um das Flüchtige und Ungleichartige davon verdunsten zu lassen, die unaussprechlichen und geheimen Bewegungen des menschlichen Herzens, besonders diese Art von heiliger Verehrung, von welcher der Mensch bei Betrachtung seiner eigenen Größe sich ergriffen fühlt und welche ihn, trotz seiner Verbrechen, seiner Finsternisse und seiner Verirrungen, sich selber als einen (erlaube mir den Ausdruck) **entkleideten** Gott offenbart, als einen beschämten Gott, der errötet, sich so ausheimisch auf der Erde zu finden, der weint, sich daselbst nicht in seiner wahren und erhabenen Gestalt zeigen zu können und der noch zaghafter und verwirrter vor dem Verbrechen steht als das Verbrechen zaghaft und verwirrt vor der Tugend; dies sind die Pfade, auf welchen der Gedanke des Menschen ebenso viele Religionen hätte finden können, das heißt, ebenso viele Mittel, um von selbst seine Vernunft, seinen Geist und sein Herz mit der einzigen Quelle wiederzuvereinigen, aus welcher er stammt und ohne welche es keinen Frieden für ihn gibt; denn indem er diese Pfade sorgfältig durchwandelt wäre, hätte er nicht verfehlen können, den ihm angemessenen zu finden, der ihn untrüglich zu seinem Ziele geleitet hätte.

Ich gestehe dir, mein Freund, dass es mich bekümmert, bei so viel Gegebenem, das den Beobachtern zur Stütze ihrer religiösen Grundsätze bereit liegt, zu sehen, wie sie niemals davon Gebrauch machen, sondern im Gegenteil alles aufgeben, um sich an Bücher und Wunder zu halten. Die heiligen Bücher, welche sie uns aufführen, sind an und für sich schon in einer solchen Entfernung von dem Glauben und von dem Gedanken des Menschen, dass es nicht zu verwundern ist, wenn mit solchen Mitteln der Zweck verfehlt bleibt. Die Wahrheiten, die es hier gilt, sind früher als alle Bücher; wenn man nicht damit anfängt, den Menschen zu lehren, diese Wahrheiten in seinem eigenen Sein zu lesen, in seinem Zustande der Finsternis als Gegensatz zu dem Durste seines Herzens nach dem Licht, in der Bewegung endlich und dem Spiele seiner eigenen Kräfte, so fasst er sie schlecht in den Büchern; dahingegen, wenn er durch tätige Anschauung seines eigenen Wesens sich schon gesehen hat, wie er ist, und vorgefühlt, was er werden kann, er leicht die Bestätigungen aufnimmt, die er davon in den Überlieferungen findet und die alsdann nur noch als Stützen einer schon für ihn vorhandenen und anerkannten Tatsache dienen.

Umso viel mehr gilt dasselbe von den Wundern; ich glaube, dass dies ein Wort ist, das man niemals hätte vor dem Menschen aussprechen sollen, ohne ihn vorher veranlasst zu haben, nach der Entdeckung des Schlüssels von seinem Wesen zu trachten. Man kann es nicht genug wiederholen, dass nur in sich selber und nur allein in sich der Mensch das Verständnis aller Wunder finden mag; denn wenn er einmal das Wunder seiner eigenen Natur wahrgenommen hätte, so würde kein anderes mehr ihn überraschen können.

Ich habe nicht die Absicht, mein Freund, hier in das Einzelne all dieser Untersuchungen einzugehen und all diese Erörterungen zu liefern, die zur Ausführung eines so umfassenden Planes nötig wären; umso weniger, als die meisten dieser Entwicklungen, wie ich schon gesagt, in öffentlichen Schriften vorhanden sind. Auch könnte für einen solchen Gegenstand ein bloßer Brief nicht genügen.

Nach dieser kurzen Darlegung also diese Grundlagen als festgestellt und diese Wahrheiten als anerkannt zwischen uns vorausgesetzt, kehre ich von meiner leichten Abschweifung zurück, um mich dir anzuschließen, um zu dir als zu einem Gläubigen zu reden, dir, in deiner Sprache, mein Glaubensbekenntnis über die französische Revolution abzulegen und dir auseinanderzusetzen, warum ich glaube, dass die Vorsehung unmittelbar oder mittelbar darin wirke, und weshalb ich folglich nicht zweifle, dass diese Revolution ihr Ziel erreichen werde, da nicht anzunehmen ist, dass die Vorsehung getäuscht werde und rückschreite.

Wenn ich die französische Revolution von ihrem Ursprung an und in dem Augenblick, wo ihr Ausbruch anfing, betrachte, so finde ich sie mit nichts besser zu vergleichen als mit einem verjüngten Abbilde des Jüngsten Gerichts, wo die Posaunen die furchtbaren Töne erschallen lassen, die eine höhere Stimme ihnen eingibt, wo alle Mächte der Erde und des Himmels erschüttert werden und in einem Augenblicke die Gerechten und die Gottlosen ihren Lohn empfangen. Denn, unabhängig von den Entwicklungen, durch welche die physische Natur diese Revolution vorauszuverkünden schien, sahen wir nicht bei ihrem Ausbruche alle Hoheit und alle Ranggröße des Staats plötzlich fliehen, einzig durch Schrecken gejagt, und ohne dass andere Kraft als die einer unsichtbaren Hand sie verfolgte? Sahen wir nicht die Unterdrückten wie durch übernatürliche Macht alle Rechte plötzlich wiederergreifen, welche die Ungerechtigkeit sich über sie angemaßt hatte?

Betrachtet man sie, diese Revolution, in ihrer Ganzheit und in der Schnelligkeit ihrer Bewegung und besonders, wenn man sie mit unserem Nationalcharakter zusammenhält, der so entfernt ist, solche Pläne zu fassen, und vielleicht noch mehr, ihnen folgen zu können, so ist man versucht, sie mit einem Werke der Einbildungskraft und der Zauberkunst zu vergleichen, daher auch gesagt werden konnte, dass die verborgene Hand, welche die Revolution lenkt, auch allein vermöchte, ihre Geschichte zu schreiben.

Betrachtet man sie in ihren Einzelheiten, so sieht man deutlich, dass ihre Schläge, obwohl zugleich auf alle Stände Frankreichs fallend, am härtesten doch die Geistlichkeit treffen. Denn selbst der Adel, dieser ungestalte Auswuchs inmitten von Wesen, die ihrer Natur nach gleich sind, war in Frankreich durch einige Herrscher und ihre Minister schon so weit niedergedrückt, dass er gleichsam nur noch eitle Namen und eingebildete Titel verlieren konnte; dagegen die Geistlichkeit, im Genusse aller ihrer fälschlichen Rechte und zeitlichen Anmaßungen, auf alle Weise die Macht der Rächerhand, welche die Revolution lenkt, erfahren musste; denn man kann sich nicht entbrechen, die Priester als die schuldigsten und selbst als die einzigen Urheber des Unrechts und der Missetaten der anderen Stände anzusehen.

In der Tat ist die Geistlichkeit die mittelbare Ursache der Verbrechen der Könige; weil der Priester es ist, der, nach dem Ausdrucke der Schrift, der Wächter Israels sein sollte und der im Gegenteil, missbrauchend die an Moses, Samuel und Jeremias gerichteten Worte, sich das Recht angemaßt, die Könige einzusetzen und abzusetzen, sie zu heiligen, und sodann all ihre Verirrungen und Launen für rechtmäßig auszugeben, sofern sie nur Sorge trügen, den Ehrgeiz und die Habsucht dieses Priesters zu nähren; weil endlich diese Könige, die er als seine Geschöpfe ansah, überall in seinem Namen all diese Missbräuche erzeugten, welche hervorgehend aus einer schon verderbten Wurzel sich in natürlichem und gesteigertem Fortschreiten allen Zweigen des Staates mitteilten.

Infolge aller Schriften, welche die Beobachter uns anführen, und noch mehr zufolge des unauslöschlichen Buches, das in das Herz des Menschen geschrieben ist, wollte die Vorsehung der alleinige Gott der Völker sein, weil sie weiß, dass nur mit ihr sie glücklich sein können; und die Geistlichkeit dagegen wollte selber für sie diese Vorsehung sein. Sie suchte nur ihr eigenes Reich zu stiften, indem sie stets von dem Gotte sprach, dessen Dasein sie oft nicht einmal zu verteidigen wußte.

Es war ihr gesagt, dass von dem durch die Hand der Menschen erbauten Tempel kein Stein auf dem anderen bleiben sollte, und ungeachtet dieses so bedeutungsvollen Ausspruchs hat sie die Erde mit materiellen Tempeln bedeckt und überall sich selbst zum ersten Götzen gemacht. Sie hat dieselben mit allen Bildern erfüllt, die ihre sinnreiche Habsucht erfinden gekonnt; und dadurch hat sie das Gebet, statt ihm die freieste Bahn offen zu halten, nur in Verirrung und Qual geführt.

Es war ihr gesagt, sie solle die Schätze, die sie umsonst empfangen, umsonst wieder austeilen; aber wer weiß nicht, wie sie dieses Auftrages sich entledigt hat!

Wäre der Gegenstand nicht so bedeutend und müsste ich nicht fürchten, dass man unter diese strengen Urteile auch diejenigen Glieder der Geistlichkeit stellte, die durch ihre Tugend und ihre Rechtschaffenheit wesentliche Ausnahme verdienen, so würde ich dir sagen, wie die Priester alle heilsamen und wohltätigen Rechte, die ihnen ursprünglich gehören sollten, in eine despotische Verwüstung und in ein gebieterisches Reich über die Gewissen verwandelt; wie sie ihre heiligen Bücher überall zu einer Steuerrolle der Erpressung auf den Glauben der Seelen herabgewürdigt haben; wie sie, diese Rolle in der Hand und den Schrecken zum Gefolge, den Einfältigen, Furchtsamen oder Unwissenden heimsuchten, dem sie nicht einmal die Fähigkeit ließen, auf der Rolle den ihn treffenden Teil dieser Glaubenssteuer zu lesen, damit er nicht den Betrug einsähe, ähnlich hierin den Geldeinnehmern, die bei den Auflagen bisweilen die Unwissenheit und Harmlosigkeit des Landmanns missbrauchen; wie sie besonders die einzige Arznei und Verhaltung, welche uns Gesundheit und Leben wiedergeben könnten, vernichtiget haben; aber, in Wahrheit, diese Schilderungen würden meinem Herzen zu sehr widerstreben und überdies steht es nicht mir zu, hier die Gerechtigkeit zu üben; ich überlasse sie demjenigen, der besser als der Mensch sie nach allen ihren Maßen abzustufen weiß und ich will lieber seufzen über die verirrten Priester, seien es Betrogene oder Betrüger, als noch mehr sie anschuldigen; es ist mir genug, sie dir als diejenigen gezeigt zu haben, welche die Vorsehung bei unserer Revolution zumeist im Auge gehabt, als die Verkäufer der Nahrungsmittel der Seele, deren freien Verkehr sie unterbrechen, um sie willkürlich abzuschätzen und so den Menschen in Mangel und Not zu lassen; eine Veruntreuung, welche, zufolge der Propheten, in den Augen Gottes die erste Stelle unter allen Veruntreuungen behauptet, weil Gott die Seelen der Menschen mit dem Überfluss, der ihm eigen ist, selber nähren und sie mit seiner Fülle gleichsam gesättigt wissen will.

Auch hätte diese Zerstörung der Geistlichkeit in Frankreich durch die bloßen Anstrengungen menschlicher Kraft nie statthaben können, da die Könige selbst in den Zeiten ihrer größten Erhebung nicht ohne Gefahr die geringste Verletzung der Rechte dieser Geistlichkeit wagen durften; anstatt dass sie, nach kaum erfolgter Beschränkung der Macht der Könige, sich umgestoßen gesehen in ihren Besitzungen, in ihrem Glanze und dann in ihrem Ansehen, so dass sie heute gleichsam genötigt sind, auch die geringsten Spuren ihres Daseins abzuschwören.

Hätten auch den französischen Herrscher wohl die Anstrengungen bloß menschlicher Kraft umzustoßen vermocht? Diesen Herrscher, welchen die nämliche Geistlichkeit den rechten Arm nannte; diesen Herrscher, der in der politischen Meinung über alle Könige Europas hervorragte; diesen Herrscher endlich, der unter allen seinen Mitgenossen zuerst gestürzt, ihnen dadurch eine Lehre gibt, deren Warnung nicht zu verkennen ist? Denn die Klasse Menschen hat eine große Verirrung zu sühnen; nämlich die Verirrung, dass diejenigen, die auf den Thronen sitzen und die Höflinge, die sich in ihrem betäubenden Dunstkreise vergiften und berauschen, den großen Wahrheiten und den großen Grund-sätzen so sehr die Augen verschließen, um eine ganze Nation nur in einem einzigen Menschen und in den ihm etwa Angehörigen erblicken, da doch alle Menschen eines Staates sich selbst verges-sen sollen, um sich hinzugeben, und nur zu sehr in dem Volk.

Mit einer solchen Binde vor den Augen, wie hätten unsere Feinde denn genugsam ihre Blicke erheben können, um wahrzu-nehmen, welches die Triebkraft unserer erstaunenswürdigen Revolution ist, die wohl die Revolution des Menschengeschlechts genannt werden mag? Sie haben nicht erkannt, dass keine menschliche Kraft, für sich allein, diese wunderbaren Ereignisse, die sich vor unseren Augen anhäufen, zu bewirken vermocht hät-te, weil kein menschlicher Gedanke für sich allein den Entwurf dazu hätte fassen gekonnt; sie haben nicht erkannt, dass die Leiter unserer Revolution selber sie ohne festgesetzten Plan angefangen haben und dass sie zu Ergebnissen gelangt sind, auf welche sie zuverlässig nicht gerechnet hatten.

Sie haben nicht erkannt, dass die Revolution nur deshalb mit einem großen Lande wie Frankreich begonnen hat, um zum Voraus ihren Erfolg zu sichern; denn hätte sie in Ländern von geringerer Bedeutung angefangen, wie wäre sie imstande gewe-sen, alle feindlichen Angriffen allein zu widerstehen?

Sie haben nicht erkannt, dass vom Anbeginn dieser Revolu-tion alle gegen sie gerichteten Versuche nur zu ihrem Vorteil aus-geschlagen sind; sie haben nicht erkannt, dass, da es in dieser Re-volution, die nichts Menschliches hat als das Äußere und das scheinbare Spiel einiger Leidenschaften, kein Parteihaupt gibt, auch übeltuende Hände einige der Leiter, welche bei diesem gro-ßen Werke angestellt sind, hinwegraffen können, ohne dass dieses in seinem Fortgange gestört würde; denn man vernichtet keine Partei, deren Haupt nicht kennen noch erreichen kann.

Sie haben nicht erkannt, dass der gegenwärtige Zeitraum die krampfhafte Entscheidung der sterbenden menschlichen Mächte ist, die sich gegen eine neue, natürliche und lebendige Macht noch kämpfend wehren; nur dass die Vorsehung den blinden Sterbli-chen noch diese Binde vor den Augen zulässt, damit sie selber den

Beschluss erfüllen, der das Reich der eitlen Macht des Menschen auf der Erde vernichten will.

Es war daher nicht schwer vorauszusehen, dass unsere Feinde getroffen von den Wirkungen des außerordentlichen Gestirns, welches über unsere Revolution wacht, zuletzt alle vor uns fliehen und gestehen würden, wie die Priester des Pharao bei den Wundern des Moses: **Hier ist der Finger Gottes.** Aber sie werden bereuen, dies Geständnis nicht früher getan und geglaubt zu haben, dass sie mit einer großen, freien und ihr eigenes Heil selbst beratenden Nation sich benehmen durften, wie sie es ehemals mit einem ministeriellen Kabinett getan.

Sie werden bereuen, dass sie uns nur einen gewöhnlichen menschlichen Krieg zu machen geglaubt, während, wenn man alles genau betrachtet, man finden muss, dass seit dem Anfange der Dinge in der Welt wahrhaft nur zwei göttliche Kriege, oder, wenn man will, nur zwei Religionskriege gewesen, nämlich der Krieg der Hebräer, der gleichsam von Moses bis zu Titus gedauert hat, und sodann der Krieg unserer gegenwärtigen Revolution, obwohl das Wort Religion heutigen Tages wie ausgelöscht ist von all unseren Beratungen, von all unseren Anordnungen und politischen Unternehmungen.

Die Vorsehung beschäftigt sich mehr mit den Dingen als mit den Worten; die Menschen sind es, die sich mehr mit den Worten als mit den Dingen abgeben; auch sind die menschlichen Kriege, wo man am meisten von Religion sprach, gerade diejenigen, denen sie am meisten fremd war; auch blieben die zahllosen Kriege und Metzeleien des Islam, obgleich angelegt zu religiösen Kriegen, nur auf Zerstören beschränkt und bauten nicht auf; auch waren unsere Kreuzzüge und die Kriege der Ligue, die des Luthertums und des englischen Schismas, obgleich alle im Namen der Religion geführt, nur Kriege der Scheinheiligkeit und in Betreff der Religion blieben sie gleichgültig, weder zerstörend noch aufbauend; dagegen der jetzige Krieg, so materiell und menschlich er gewöhnlichen Augen erscheinen möge, nicht bei Zertrümmerungen stehen bleibt, sondern keinen Schritt macht, bei dem er nicht aufbaute.

Wie sollten wir denn an die politische Streitfrage glauben, die von Seiten unserer Feinde der Beweggrund zu diesem Kriege scheinen wollte? Sie wussten wohl, so wie wir selbst, dass jene kaum der Vorwand sein konnte und dass sie sich gegen uns nur deshalb so sehr erbitterten, um einige Augenblicke den Sturz, der sie bedrohte, zu verzögern; denn es ist eine durch alle Tatsachen der Geschichte erwiesene Wahrheit, dass die Menschen viel weniger zu den Waffen greifen als für ihre Neigung und ihre persönliche Habsüchtigkeit; daher bleiben auch ihre Meinungen am Ende ihrer Kriege gewöhnlich dieselben und nur verderbte Neigungen sind es, welche, selbst ohne sich aufzureiben, bloß Gegenstände und Verhältnisse wechseln.

Der Mensch könnte zwar wohl für Neigungen sich Mann gegen Mann schlagen, wenn es nur diese Triebfedern in ihm gäbe; aber sicher würde er keine verbundene und überlegte Kriege führen, denn die Tiere, obgleich sie gegeneinander kämpfen, führen keine Kriege von dieser Art, indem sie keine Meinungen haben, um ihre Wut und ihre Verwüstungen zu beschönigen.

Was die beste Regierungsform oder jene politische Frage betrifft, welche, obgleich höchstens nur, wie ich gesagt, ein Vorwand für unsere Feinde, doch so viele Arme gegen uns bewaffnet hat, so glaube ich, dass die Staatsgelehrten insgesamt, nachdem sie stets den inneren Grund des menschlichen Gesellschaftsvereins mit seiner äußeren Gestalt verwechselt, diese Schwierigkeit mit ihren Entscheidungen nicht besser aufgehellt haben als unsere Krieger sie mit ihren Schwertern aufhellen. Wie könnte dies anders sein? Sie tasten noch ungewiss an dem gesellschaftlichen Vertrage, sie zeigen mir nicht das wirkliche Band, welches die menschlichen Familien im Zustande ursprünglicher Gesellschaft vereinigt hat; sie zeigen mir nur Trümmer des menschlichen Gesellschaftsvereins und stellen mir die Nationen nicht in ihrer anfänglichen Unabhängigkeit dar.

Die Nationen finden sich überall durch eine Kraft verbunden, die man dem Menschen angerechnet, da man keinen anderen Ursprung zu geben gewusst und die man daher mit diesem Namen gesellschaftlicher Vertrag belegt hat, während sie doch alle von dieser Kraft, ihnen selbst unbewusst, beherrscht sind; denn von allen Zeiten her dienen die Völker wechselweise nach ihren Lastern wie nach ihren Tugenden zu Werkzeugen, um das große Werk der Vorsehung erfüllen zu helfen: in den großen Entscheidungskämpfen besonders dürfen sie sich nur als leidend betrachten; denn der Mensch ist niemals mehr sich selbst überlassen, als wenn seine Wege noch dunkel und schweigend sind; wenn er noch an Erfüllung dieses Maßes arbeitet, dann kann er sich zumeist noch als tätig ansehen; er ist es nicht mehr, wenn das Maß überfließt, denn alsdann reißt ihn die Bewegung mit fort und er sammelt nur noch die Früchte dessen, was er gesät hat.

Man sieht übrigens die wahre Macht des Menschen sich fast im ganzen Umfang der Erde auf die Kunstgeschicklichkeit der Verwaltung beschränken, die Volkskörper und die Regierungen aber sich von selbst gestalten, als natürliche Ergebnisse der Zeiten und der Umstände, die der Mensch veranlasst oder entstehen lässt; und deshalb eben muss die Art dieser Gestaltung so oft unserer Berechnung entgehen. Man sieht auch auf der ganzen Erde die Grund- und Gestaltungsgesetze der Staaten mit erfurchtsgebietender Hoheit erscheinen, unter welcher sie streben, sich den höheren Gesetzen der ewigen Gerechtigkeit, das heißt den Gesetzen, die der Mensch nicht gemacht hat, als ursprünglich verbunden und geheiligt darzustellen.

Nur in diesen natürlichen Beobachtungen, mein Freund, können wir den Geist der gesellschaftlichen Verbindung sowie den Entwurf und den wahren Gegenstand des menschlichen Gesellschaftsvereins entdecken, und wenn diese Punkte in den Lehrsätzen der Staatslehrer so wenig entwickelt sind, so kommt es daher, dass, statt aufmerksam die Natur der Dinge zu beobachten, sie dieselbe zusammensetzen gewollt. Hier ist das Wenige, was ich von Gedanken über diesen Stoff dir mitzuteilen habe.

Wenn der Mensch keine Veränderung in den anfänglichen Fähigkeiten seines ursprünglichen Wesens erlitten hätte, so würde sein Gesellschaftsverein nur ein brüderlicher gewesen sein, wo er in der Unschuld und Wahrheit seiner Natur die Entwicklung aller reinen Gefühle seiner geistigen Wesenheit genossen hätte. Er würde nur sanfte Bewegungen zu empfinden und zu verbreiten, nur Wohltaten zu empfangen und mitzuteilen und keine Übel zu fürchten gehabt haben; denn in jenen früheren, leider von uns so fernen Zuständen hätte die höchste Hand sozusagen alles für ihn ohne sein Wissen getan, wie man jetzt die physische Natur alles für ihre Kinder tun und diese alles genießen sieht, ohne dass sie wegen der Dauer und Erneuerung all dieser ihnen entspendeten Güter beunruhigt wären.

Der Mensch in diesem ursprünglichen Zustande, unbeschränkt die Keime seiner lieblichen Tugenden zu entwickeln fähig, hätte darin nicht einmal des Gebrauches weder seiner beratenden und urteilenden Kräfte bedurft, da für ihn überall nur Gutes einzusammeln gewesen wäre, noch keiner zwingenden und beherrschenden Kräfte, da in dieser großen Familie keine Bösen zu bändigen sein konnten. Diese Kräfte hätten nichtsdestoweniger immer in ihm gelegen, aber gleichsam als Macht wie eingehüllt und in Ruhe; und er hätte ganz und gar dem lebhaften Genusse dieser liebenden und ausdehnbaren Kräfte angehört, welche den ersten Charakter unseres Wesens bilden, weil sie ja den ersten Charakter dieses allgemeinen Urwesens bilden, aus welchem wir das Dasein geschöpft haben und welches gewollt hat, dass insbesondere durch dieses Zeichen wir als sein Ebenbild erkannt würden.

Aber die augenscheinliche Veränderung, welche der Mensch erfahren hat und welche, wie ich oben gesagt, durch die Unordnungen der Erde und durch eine einzige der Beunruhigungen der menschlichen Seele tausendmal mehr bewiesen ist als es das Gegenteil durch die Behauptungen und das Stammeln der Philosophen ist: diese Veränderung sage ich, hat den Menschen in einen gemischten Zustand versetzt, der ihn sein erstes Dasein aus dem Gesicht verlieren lässt und der es schwer macht, sein Bild zu entwerfen, nicht nur den Staatsgelehrten, sondern auch jedem anderen Beobachter, der sich nicht höher erhöbe als sie.

Sein natürlicher Gesellschaftsverein bietet nicht mehr das Bild dieses Glücks und dieses Friedens dar, dessen er in seinem regelmäßigem Zustande genossen hätte, weil seine sittlichen Fähigkeiten und seine Tugenden, die einzig die Quelle dieses Glücks gewesen wären, ermattet und ohne ihre ursprüngliche Wirkungskraft sind. Dieser natürliche Gesellschaftsverein kann jedoch nicht, selbst jetzo nicht für ihn, in einer bloß tierischen Gemeinschaft bestehen, da wir deutlich in ihm einen so scharfen und von dem Tiere so bestimmt unterschiedenen Charakter erkannt haben, da die Tiere übrigens wohl in Familien und Haufen, aber nicht in freier, willenhafter und verbesserungsfähiger Gesellschaft unseren Augen begegnen, und da endlich das Tier in seinen Trieben nur das Einzelwesen umfasst, während der Mensch in den seinigen die ganze Gattung umfasst und in der Allgemeinheit der Wesen seiner Klasse lebt, welches auch immer der Abstand der Zeiten und der Räume sei.

Diese Verwicklung verhinderte also nicht, dass der Mensch noch eine natürliche Gesellschaft haben könnte, in welcher er eines Maßes von Glück genösse, wie es mit seinem neuen Zustande vereinbar wäre; denn eins der größten Wunder, die sich denjenigen, die zu beobachten wissen, darbietet, ist die Wahrnehmung, wie in der fortschreitenden Vielheit der Stufenfolge, wohin die Wesen hinabsteigen können, alle Verhältnisse sich behaupten und erhalten, auf welchen Punkt das Bild auch zurückkomme; dieses Geheimnis der Weisheit, die dadurch will, dass die Wahrheit, wenn sie sich auch verdunkeln mag durch die Fahrlässigkeit des Menschen, sich doch nie gänzlich für ihn verlieren könne, da er stets die Mittel hat, sie herauszuscheiden und wiederzuerkennen.

Ungeachtet also der Verschiedenheit, die es zwischen diesen beiden Arten von Gesellschaft gäbe; ungeachtet die erstere immer durch Glück, ohne Unruhe noch Leiden, begonnen und geendigt hätte und die zweite nicht mehr anders als durch Mühe und Arbeit beginnen könnte und sich nie endigte als durch ein erkauftes Glück, das einem Lohne, den stets unser Schweiß benetzt, gleicht; so ist es darum nicht minder wahr, dass wir darin die Spuren unseres ursprünglichen Daseins noch erblicken könnten, wenn wir dasjenige nutzen wollten, was uns von diesen vollbeständigen Gaben und Tugenden noch übrig ist, die unsere Wesenheit begründen und auf welchen unsere wahre Bestimmung beruht. Wir hätten also gekonnt und könnten noch, bis zu welchem Grade auch unser Elend und unsere Unwissenheit sich erstrecken, eine Gesellschaft von Brüdern darstellen, alle mit dem Glücke ihrer Brüder beschäftigt, ohne andere Triebfedern als ihre Tugenden, ohne anderen Herrn als die Vorsehung; ein Gemälde, das ohne Zweifel nur dem Wahne zu gehören scheint, wenn man sein reines Vorbild auf dieser Erde der Finsternis und der Lügen finden will, aber welches gleichwohl noch Zeugnisse genug in diesen Herzen der Gerechten zu finden wüsste, und von daher haben alle Lösungen der Aufgabe ihren Ursprung zu nehmen.

Wenn statt diesen tugendhaften und heilsamen Pfaden zu folgen, irgendein Mitglied dieser schon veränderten und herabgesetzten Gesellschaft eine verkehrte Richtung nimmt und gegen die Grundlagen dieser natürlichen Gerechtigkeit verstößt, von welcher wir alle noch Spuren bewahrt haben, so werden andere Mitglieder die Bewegungen dieser nämlichen Gerechtigkeit durch ihre Zusammenziehung, die sie erfährt, lebhaft in sich erwachen fühlen und sie werden durch ihre Vorstellung jene ewigen Grundsätze aufgedeckt ans Licht stellen, die in Ruhe und gleichsam verborgen in uns wohnen, im Schoße selbst unserer Herabwürdigung, solange die Gelegenheit uns nicht veranlasst, sie zu offenbaren. Dieses Offenbarwerden aber, indem es das uns eingeborene Vermögen, alle Grade der Gerechtigkeit und der zufügbaren Verletzungen derselben abzuwägen, aus ihrem Herzen herausbringen lässt, wird auf der Stelle den Charakter dieser natürlichen brüderlichen Gesellschaft verändern und wandelt sie in eine natürliche bürgerliche Gesellschaft um, das heißt in eine Gesellschaft, wo die Gesetze der ewigen Gerechtigkeit werden reden müssen, weil die Stimme der ewigen Tugend daselbst fremd geworden ist.

Diese bürgerliche Gesellschaft jedoch würde keineswegs den unsrigen gleichen, indem man darin nur positive und sicher begründete Gesetze erblicken würde, statt dieser blinden Gesetze ohne Grund und Kraft, mit denen der bürgerliche Verein der Völker überschwemmt ist. Diese bürgerliche Gesellschaft selber konnte hoffen, durch die Entwicklung jener positiven Gesetze die Übertreter in die Bahnen der Tugend zurückkehren, das heißt, in ihren Maßen diese Art von natürlicher brüderlicher Gesellschaft, deren wir noch empfänglich sind, wiederherstellen zu sehen, und sicher würde dies ihr hauptsächlicher Zweck sein, weil sie alle Vorteile kennt, welche der menschlichen Vereinbarung daraus erfolgen; auch fühlt man, dass selbst die bürgerlichen Gesetze, welche die Welt regieren, nach ihrer wahren Eigenschaft nicht Gesetze der Strenge sein sollten, dass sie nur ein Unterricht, ein Rückruf zur Ordnung und eine Andeutung der Mittel sein sollten, die geeignet wären, in der natürlichen brüderlichen Gesellschaft die mit ihr vereinbare Summe des Glücks wiederzuerzeugen und zu erhalten.

Aber wenn dies nicht geschieht, wenn die positiven Gesetze sich vergebens entwickeln, so werden die ersten Übertreter, welche durch ein neues Verbrechen sich noch so weit vergessen, ihnen Trotz zu bieten, dadurch sich doppelt schuldig machen und ein wirksameres und heftigeres Mittel als jene positiven Gesetze selbst gegen sie hervorrufen; und diese neue Übertretung wird in einigen anderen Mitgliedern die hemmenden und zwingenden Kräfte entwickeln, die uns ebenso gut eingeboren sind wie die positiven Grundsätze der Gerechtigkeit und die dem Menschen die Macht geben müssen, allen Rechten dieser Gerechtigkeit Achtung zu verschaffen; denn wozu diente ihm das Recht sie zu kennen, wenn er nicht zugleich das Mittel hätte, alle Übelwollenden, welche sie anzutasten wagten, zu bezähmen? Wenn wir den tierischen Menschen eine Ungerechtigkeit mit der Stärke seines Armes zurücktreiben sehen, ja ihn sogar das Leben dem angreifenden Feinde rauben sehen, ohne dass wir ihn deshalb verdammen; warum sollten wir nicht in dem sittlichen Menschen, der mit so viel höheren Vorzügen vor dem tierischen Menschen begabt ist, gleiche Macht annehmen, die ebenso die Gerechtigkeit zu erhalten und die gegen sie versuchten Eingriffe wieder auszugleichen wüsste? Wenn endlich jedes Erzeugnis der Natur sein Recht der Erhaltung hat; wenn das Tier, welches so sehr über den anderen Erzeugnissen des Natur steht, überdies die Macht hat, seinen Feind zu verfolgen und niederzuwerfen; warum sollte der Geist-Mensch, welcher über die ganze Natur so weit erhaben ist, nicht auf ähnliche Weise nach seiner Klasse beteiligt sein? Die Vorsehung selbst, genießt sie nicht im höchsten Grade dieses unbestreitbaren Vorrechts und sollten wir dadurch nicht ein neues Recht haben, ihr Ebenbild zu sein?

Diese zweite Entwicklung wird noch eine neue Veränderung in den gesellschaftlichen Körper bringen, dessen fortschreitende Abstufungen wir hier betrachtend folgen und wird ihn aus dem Zustande der natürlichen bürgerlichen Gesellschaft in einen Zustand übergehen lassen, den wir natürliche politische Gesellschaft nennen wollen; denn der Unterschied der bürgerlichen Gesellschaft von der politischen Gesellschaft besteht darin, dass die erstere die Verletzungen, welche die natürliche Gesellschaft erleiden kann, abzuwenden und zu heilen suchen soll, die zweite aber die Macht hat, sie zu strafen, sei es in ihren eigenen Mitgliedern oder in den anderen politischen Gesellschaften, die ihr Dasein bedrohen können; es ist immer dieselbe hemmende und zwingende Macht, die bereit ist, in dieser doppelten Gefahr sich zu entwickeln und sie muss, wie wir es in unseren politischen Gesellschaften sehen, sowohl nach innen als nach außen in einer feindlichen Stellung sein oder in einem Stande gewohnten Aufmerkens und Misstrauens, welches nur eine minder erscheinende Feindlichkeit ist.

Übrigens, mein Freund, es ist nur um des Gesetzes willen, in welchem wir eingekerkert sind, wenn ich dir die Verschiedenheiten als aufeinanderfolgend schildere, die im Ursprunge gleichsam augenblickliche gewesen und von welchen wir auch selbst in keiner Zeit die Bestandteile und Grundsätze anders als vereint und miteinander verflochten finden, weil die Veränderung unseres regelmäßigen Zustandes zugleich mit dem Menschen auch die Finsternis herabgestürzt hat, die er in sich aufgenommen und das wenige Licht, das ihm geblieben und seine Laster und seine Tugenden, seine Leidenschaften und seine Vernunft; dergestalt, dass Übles und Gutes, sich für ihn mit schneller Heftigkeit gegeneinander stoßend, mit derselben Kraft und derselben Schnelligkeit getrachtet haben werden, ihm das wenige Gleichgewicht und die wenige gesellschaftliche Fassung, deren er auf dieser Erde noch fähig ist, zu verschaffen; und man sieht hier die Keime und die Wurzeln des großen Baumes, der im Laufe der Zeitalter und in der Dauer der Jahrhunderte die guten und bösen Früchte hervorbringen musste, die in seinen Säften aufbewahrt lagen.

Auch können wir glauben, dass die Gattungen der Gesellschaft, die natürliche, bürgerliche und politische, oder besser gesagt, dass die natürlichen Tugenden des Menschen, seine urteilenden Fähigkeiten und seine zwingenden und hemmenden Kräfte schon in der ersten irdischen Familie des Menschengeschlechts ihre Zweige getrieben hatten und dass wegen Verkennung dieser heilsamen Zweige daselbst jener bejammernswerte Brudermord geschah, dessen Bild die Künste in unseren Tagen wiedergegeben haben und mit dieser so lehrreichen Überschrift: **Prima mors, primi parentes, primus luctus**. Aber in solchen Schrecknissen wird nur das Schlachtopfer zerstört, die Sache bleibt; denn ein Verbrechen vernichtet nicht ein Recht, im Gegenteil, bestätigt dasselbe; es kann nur augenblicklich den Gebrauch davon aussetzen und die Triumphe desselben verzögern. Gehen wir weiter.

Wenn die natürliche Gesellschaft sich verändert, so wird man nicht erst zu suchen brauchen, welche diejenigen sind, durch deren Wirksamkeit die Auflösung zu verhindern ist; es werden diejenigen sein, in welchen die Bewegungen der dem ganzen Menschengeschlechte eingeborenen Gerechtigkeit auf eine hervorspringendere Weise erwacht sein werden, diejenigen, in welchen der Widerspruch der Ungerechtigkeit zumeist jene positiven Grundsätze erregt haben wird, die allein das Gegengewicht bilden und das Gleichgewicht zurückführen können. Denn je mehr die Unordnung und der Irrtum überströmen, desto mehr Ordnung und Wahrheit ist nötig, um gegenzuwirken; ein Gesetz, dessen Anwendung schwieriger und dunkler wird, nach Maßgabe, dass man sich von der Wurzel entfernt und dass man sich in den Strom der Zeitalter taucht, wo alles aus der Richtung schlägt; das aber leicht werden und selbst vor jeder Zweideutigkeit sicher sein muss, sobald man sich den Zuständen nähert, wo alles zugleich und mit voller Kraft wirkend selbst nicht die Zeit noch die Notwendigkeit zum Wählen lässt.

Daher wende man nicht mehr ein, dass dies der Willkür die Frage überliefern heiße, indem jeder behaupten könnte, die zur Belehrung anderer unerlässliche Entwicklungsstufe erreicht zu haben. Man muss jetzt wohl fühlen, dass man in dem Geist-

Menschen dieses Licht und diese Gaben annimmt, die unser Wesen bilden, ihr Wert seinen Preis durch sich selber haben muss und keineswegs fürchten darf, durch die Arglist ehrgeiziger Nebenbuhler verdunkelt zu werden; es wird damit sein, wie, wenn du willst, um in die Zeit zurückzufallen, in dem Beispiele des jungen Daniel, welcher ungeachtet seines Alters ohne Schwierigkeit durch seine Erleuchtung den Oberrang über die gelehrtesten Männer und die tiefsinnigsten Zeichendeuter der Könige von Babylon erlangte.

Aus gleichem Grunde muss man dasselbe sagen von dem Übergange der bürgerlichen Gesellschaft in den Zustand politischer Gesellschaft. Diese zwingende Kraft, die dem Menschen eingeboren ist, um den Beschlüssen der Gerechtigkeit Achtung zu verschaffen und die in einigen mehr entwickelt sein wird als in anderen, wird dieselben als geborene Oberhäupter der neuen Gesellschaft, oder der politischen Gesellschaft, einsetzen, wie in diesem schon angeführten Beispiele der Priester des Pharao, wo sie vergebens gegen den Anführer der Hebräer ihren Wetteifer versuchten; und für ihren eigenen Vorteil wird diese politische Gesellschaft nichts Besseres tun können, als solchen Häuptern zu vertrauen, indem diese, durch jene Entwicklung dem Auge der Vorsehung, welches auf alles wacht, mehr genähert, auch desto mehr in dem Fall sein werden, die Heiligung dieser Vorsehung und die Bestätigung ihrer Vermögen zu empfangen.

Diese Lehre, welche fremdartig scheinen kann, so sehr sind die menschlichen Dinge davon entfernt, darf jedoch nicht unfolgerecht erscheinen, wenn man auf die ersten Grundlagen, die wir gelegt haben, Acht gibt; und man muss entweder sie zugestehen mit allen Folgerungen, die wir daraus ziehen oder den Menschen nicht aus der Klasse des Tiers herausgehen lassen; denn sobald er heraustritt, sind es eben diese nämlichen ihm eingeborenen Vermögen und dieses nämliche Licht, welche ihn davon unterscheiden. Sobald man ihm aber dieses Licht und diese Vermögen zugibt, so darf es nicht sein, um sie in Untätigkeit und Unfruchtbarkeit zu lassen, und man muss wohl, bei Gelegenheit, ihnen auch die Wirksamkeit und die Fruchtbarkeit, die ihnen eigen sind, zugestehen.

Wenngleich aber die menschlichen Gesellschaftsvereine uns nichts mehr darbieten, was diesem erhabenen Plane, der auf die Natur des Menschen gegründet ist, ganz entspräche, so haben doch die Unordnungen und Missbräuche dieser großen Grundsätze sich nicht auf einmal entwickeln können; sie sind nur in allmählichem Fortschritte und in Verhältnis des Anwachsens und der Vermehrung des Menschengeschlechts erschienen; daher haben sich die bürgerlichen und politischen Rechte, indem sie sich von den ursprünglichen Zeiten entfernten, immer mehr und mehr in unvermögenden, widerrechtlichen und anmaßenden Händen finden müssen; aber da die Vorsehung in unaufhörlicher, obwohl stillschweigender Wachsamkeit beharrt, so ist es doch nicht minder wahr, dass in allen Zeiten die Menschen, welche für das Werk der Gesellschaft wahrhaft nützlich waren, ihre Überlegenheit, ihre Erwählung und ihre Erfolge nur diesen Grundlagen und diesem Lichte verdankten, das in dem Menschen eingeboren ist und das nur den gehörigen Anstoß erwartet, um sich zu entfalten und alle seine Schätze spielen zu lassen.

Wehe dem, der mir vorwerfen wollte, dass ich hier zugunsten dessen rede, was man gemeinhin Eingebung nennt! Ich weiß zu sehr, so wie du, in welchem Rufe dies Wort steht, als dass ich es auszusprechen oder zu verteidigen wagte; aber die Furcht vor Worten darf uns beide nicht über die Natur der Dinge verblenden und die eigentümlichen Wesenheit des Menschen ist es, welche mich von selbst auf die Auseinandersetzungen führt, die ich dir vorlege.

Wenn ich übrigens die Ausstreichung dieses verworfenen Wortes, und mit dem man alles verwerfen könnte, von Herzen gern zugebe, so muss man auch mir wiederum zugestehen, dass, wenn es einen Irrtum veranlasst hat, dieser Irrtum ein sehr verzeihlicher ist; denn, wenn ich die physische Natur untersuche, so finde ich daselbst, dass keine Körper, dass keine organisierten Stoffe bestehen und ihr Gesetz erfüllen können, ohne eine Art von Einhauchung oder Eingeistung des Lebens, der Luft, die sie durchdringt, die sie einwirkend aufregt und welche, wenn sie sich entzieht, sie in dem Tode und in der Nichtigkeit lässt; ich sehe daselbst auch, dass je reiner und überströmender die Luft ist, welche sie einatmen, desto größer ihre Kraft und ihre Gesundheit blüht. Warum also sollte nicht der Geist-Mensch gleicherweise der einwirkenden Aufregung einer Triebfeder bedürfen, welche mit ihm in Verwandtschaft stünde, welche aus ihm die ganze Kraftwirkung seiner Grundeigenheiten hervorriefe und in Betreff welcher er in der Abhängigkeit wäre, wie es die Körper der Natur in Ansehung der Luft unseres Dunstkreises sind? Und in diesem Betracht sehe ich nicht ein, wie es auf der Erde einen einzigen Menschen geben könnte, der nicht begeistert wäre. Die einzige Sache, die sorgfältig zu untersuchen bliebe, wäre die Art der Begeisterung eines jeden unter ihnen, denn die **Luft** kann gleicherweise verschiedene Eigenschaften in der einen oder in der anderen dieser beiden Regionen haben.

Aber diese Unterscheidung, deren Verfolg so wichtig ist, soll mich nicht hindern, weiter vorzugehen und dir eine noch erstauneswürdigere Wahrheit anzudeuten; nämlich dass, gleichwie die Ausdünstungen der Körper gewöhnlich den Stoffen, mit denen sie sich anschwängern, ähnlich sind, man bei näherem Hinblick entdeckt, dass überall die Natur die Luft **ausschwitzt**, dass überall die Luft den Geist **ausschwitzt** und dass überall der geistige Mensch die Gottheit **ausschwitzt**; eine Bemerkung, die hinreicht, um uns das Maß der verschiedenen Grundquellen der Rückwirkung oder Begeisterung der Wesen zu geben.

Ich habe dir vielleicht schon genug gesagt, mein Freund, um dich erkennen zu lassen, wie gering jetzt mein Vertrauen zu den verschiedenen Staatsgelehrten sein muss, welche die gesellschaftliche Aufgabe lösen gewollt. In der Tat, haben sie in dem Menschen bis zu seinem wahren Urquell gegraben? Sind sie bis zu einer positiven Grundlage eingedrungen, bis zu jenem Lichte und jenen Rechten, die in der Wesenheit unseres Seins eingeboren sind, ohne welche, ungeachtet der Missbräuche, die wir davon gemacht haben und alle Tage davon machen, es vergeblich sein würde, an Gründung des Gebäudes der menschlichen Gesellschaft zu arbeiten, sei es der natürlichen oder der bürgerlichen oder der politischen, da es in dem Maße, als man es aufführte, wieder in den Staub zurückfiele, auf den es gestellt sein sollte? Nein, sie haben die uranfängliche Gesellschaft des Menschen bloß auf seine tierische Natur gegründet oder zwar auf seine sittliche Natur, aber auf die verderbte und zerstörte, bis wo sie keiner Wiederherstellung mehr fähig ist; sie haben in ihm nur die tote oder die ertötende Mine eröffnet und sie haben die lebendige Mine nicht einmal angebrochen, die doch in ihm ist, und in welcher allein sie reines Gold und Stoffe, die sich in der Prüfung bewähren, gefunden haben würden.

Wenn aber dennoch das Bedürfnis dieser unentbehrlichen Stoffe sich jenen Staatsgelehrten gebieterisch fühlbar gemacht, so wussten sie nicht mehr, an wen sie deshalb ihre Forderung richten sollten als an diese tierische Natur oder an diese verderbte Natur, welche die einzigen Minen waren, die sie im Menschen entdeckt hatten, und von daher wollten sie alsdann, gleichviel durch welche Mittel, all dies Licht, alle diese Tugenden und alle diese Kräfte entstehen lassen, die so streng notwendig sind, dass ohne sie an kein Aufstellen der gesellschaftlichen Ordnung gedacht werden kann.

Die tierische oder verderbte Natur des Menschen ist wie das Gefäß, oder besser zu sagen, das Gefängnis, worin all diese Reichtümer eingeschlossen und wie begraben sind; sie können nicht anders heraus als indem sie dasselbe mühsam sprengen, um hindurchzudringen, wie der Keim der Pflanze durch den Schlamm der Erde dringt, um seine Blumen und seine Früchte an das Tageslicht zu tragen; und die Staatslehrer im Gegenteil haben dies Gefängnis selber für den Keim und den Grund genommen. Dies ist nicht besser, als wenn sie das lebendige Quellwasser als ein Erzeugnis des Felsens selber, aus welchem es für unseren Durst hervorsprudelt, wollten gelten lassen, während dieses Wasser gerade den Felsen aushöhlt und anfrisst, um sich einen Ausgang zu schaffen und er selber nur sich öffnet, damit es bis zu unseren Lippen die ganze Reinheit bringen möge, die es in seinem eigenen Ursprunge geschöpft hat.

Selbst Jean-Jacques Rousseau, dessen Herz und Feder so geeignet waren, die Wahrheit auf die Erde herabzuführen, dieser Jean-Jacques, den ich als einen Gesandten, als einen Propheten der Gefühlswelt ansehe, als denjenigen von allen Staatsgelehrten, der seine Sendung am besten erfüllt hat, der am besten, obwohl nur in einzelnen Blitzen und abgebrochen, diese höheren Grundsätze, die ich dir erörtere, erschaut hat, der endlich am meisten Ehrfurcht für die Natur des Menschen bewiesen hat, dieser hat sie gleichwohl nicht auf einer genug positiven Art gekannt, um uns die Geschichte derselben getreu zu überliefern. Wenn die geheiligten Keime, von denen ich dir rede, sich oft in ihm fühlbar gezeigt, so vermochte er doch nicht immer, aus Mangel an Beistande und Bearbeitung, ihren Ertrag zur Ernte zu bringen; alsdann warf sich sein Saft auf seinen Stil zurück; und wie dieser Saft selber zu seiner großen Gabe in dieser Art beitrug, so war er emsig bemüht, wenigstens Blumen daraus zu ziehen, wenn er daraus keine Früchte ziehen konnte. Allein er mochte immerhin die Zugänge der Wahrheit mit einer großartigen Regelmäßigkeit anordnen, sie mit entzückenden Gesichtspunkten schmücken und sie mit hinreißendem Zauber beseelen, er führte uns doch nicht bis zu der noch schöneren und herrlicheren Wohnung, wo diese Wahrheit selber thront. Auch bedauert man, ihn bisweilen mit gewissen Tonkünstlern vergleichen zu müssen, die ihre Harmonie desto mehr bearbeiten, je weniger ihre Melodie ihren gewiss ist und die ihren Hauptgedanken in der Überfülle ihrer Begleitungen und in Nebengedanken sich aufzehren lassen.

Dies in der Tat ist ihm bei der großen Aufgabe geschehen, die uns beschäftigt; denn wenn er die ersten Menschen zerstreut in den Wäldern, gleich den Tieren, für den Verein zur Gesellschaft aufnimmt, wenn er in Entzückung gerät über den Zustand der Wilden, der ihm als die wahre Tugend der Welt erscheint und als der Punkt, auf welchen das Menschengeschlecht hätte beharren sollen (Ungleichheit der Stände, 129), so ist dies bloß, weil ihm nicht gegeben war, bis zur lebendigen Grundlage des menschlichen Gesellschaftsvereins zu gelangen noch wahrzunehmen, welches davon die herrlichen Entwicklungen hätte sein sollen und können. Seine liebliche und göttliche Seele schauderte vor Unwillen beim Anblick der Gräuel, in welchen er den bürgerlichen und politischen Menschen versunken sah, ohne den falschen Punkt zu bemerken, von dem sie gleich zuerst ausgegangen waren; und da er den Wilden minder verdorben fand, so gebrauchte er all seine Beredsamkeit, um uns zu überreden, dass ein negativer Zustand das einzige Ziel sei, wohin wir streben könnten, die einzige Vollkommenheit, die wir erreichen könnten. Wenn aber dieser bevorrechtete Mann, der so oft dem Ziel nah gekommen, uns gleichwohl unterwegs lässt, was dürfen wir dann von den anderen Schriftstellern über diesen wichtigen Gegenstand erwarten?

Von diesem irrigen Grundsatz ausgehend, müssten nächstehende Folgerungen sich ergeben. Die natürliche Gesellschaft, wie die Staatsgelehrten sie ausgedacht, ruht, wie du gesehen hast, nur auf den Leidenschaften des tierischen Menschen oder auf seiner gebrechlichen und umnachteten Vernunft. Wenn durch eine in dem Zustande der Dinge unvermeidliche Veränderung oder durch die Entwicklung der Bedürfnisse des Menschen diese natürliche Gesellschaft in den Stand der bürgerlichen Gesellschaft übergeht, welche Entwicklungsgründe wird sie dahin mitbringen? Diese werden keine erworbenen Einsichten sein, weil es deren in dieser natürlichen, schon im Verderben befangenen Gesellschaft keine zu erwerben gab; noch werden es Einsichten sein, die der Natur unseres Wesens innewohnen, weil jene Staatsgelehrten keine solche anerkennen; wie wird sich denn nun diese bürgerliche Gesellschaft benehmen, um die Missbräuche der natürlichen Gesellschaft zu berichtigen? Ist es nicht klar, dass sie, ohne andere Triebfeder als ihre eigenen Leidenschaften und ihre eigene Finsternis, diese Missbräuche nur verstärken wird, statt sie abzustellen? Nicht anders wird es beim Übergang dieser bürgerlichen Gesellschaft zur Stufe der politischen Gesellschaft sein; die Menschen werden keine natürlichen beschränkenden sittlichen Kräfte dahin mitbringen, da die Staatsgelehrten deren ebenso wenig im Menschen anerkennen als sie in ihm Einsichten dieser Art annehmen. Kommt es daselbst jedoch zum wirklichen Handeln, so wird, da die Menschen als Hilfsmittel nur Arme und zur Unterstützung der Arme nur Waffen besitzen, und da diese Art zu sein alle, die nur Arme und Waffen haben, miteinander gleichsetzt, die ganze Gesellschaft nur eine Anhäufung von Mördern und reißenden Tieren sein, die sich untereinander ausrotten und verzehren. Wenn dies das ganze Geheimnis ist, welches die Staatsgelehrten uns zu entdecken hatten und dies die ganze Glückseligkeit, die sie uns zu verschaffen hatten, so konnten sie sich der Mühe überheben, den Lehrstuhl zu betreten, da die Wölfe vor ihnen die Stelle einnahmen und uns die gleiche Belehrung geben konnten.

Übrigens brauchte man nur die Inschrift der Kriegsgeschütze zu lesen, um zu erkennen, wohin die Lehren jener Staatsgelehrten führen und zugleich woher sie sich ableiten; denn die menschliche Staatskunst hat den Königen so oft wiederholt, ihre Geschütze seien letzte Beweisgründe, dass sie nun denken und handeln, als ob dieser letzte Beweisgrund für sie auch der erste wäre, nämlich dass, was den Grundsatz angelangt, ein Geschütz ihr **Alpha** und ihr **Omega** ist.

Du wirst mir vielleicht einwenden, dass auch mit der Lehre, die ich dir aufstelle, noch Ungerechtigkeiten und Unordnungen herrschen würden: die Sache wäre möglich, obwohl auch das Gegenteil noch möglich wäre: ich könnte noch sagen, dass bei einer lebendige Lehre und bei einer toten nicht zu zweifeln sein dürfte, auf welche Seite unsere Hoffnungen sich zu wenden hätten. Aber du wirst mir zugestehen, dass wenn diese Unordnungen auch erschienen, sie doch sicher nicht der von mir verteidigten Lehre beizumessen sein würden, da vielmehr allzu wahrscheinlich ist, dass, wenn man dieser Lehre volle Ausübung gegeben hätte, jene nicht stattgehabt hätten oder doch wenigstens nicht als das Meisterstück der Vernunft, der Weisheit und des Lichts geheiligt wären.

Aber, mein Freund, was mein Vertrauen in diese Lehre unendlich vermehrt ist die Betrachtung, dass die Staatsgelehrten selbst, indem sie durch ihren Unterricht diese Lehre verwerfen, durch den löblichen und heilsamen Zweck, den sie sich bei ihrer Absicht uns zu leiten doch vorsetzen wollen und durch den Anschein von Wahrheit, Richtigkeit und Gerechtigkeit, den sie allem, was aus ihren Entscheidungen folgt, zu geben versuchen, dieselbe dennoch bestätigen.

Sie erkennen, wie ich, die drei Ordnungen von natürlicher, bürgerlicher und politischer Gesellschaft an, obwohl sie unrecht haben, jede derselben einzeln auf der Erde zu suchen, da sie überall miteinander verflochten sind wie die Bestandteile der Naturkörper. Es würde auch nicht schwer sein, sie die wahren Eigentümlichkeiten dieser drei Gattungen von Gesellschaft anerkennen zu lassen; nämlich dass die natürliche Gesellschaft nur aus

Brüdern bestehe und das sittliche Glück dieser großen in Einfalt und Unschuld lebenden Familie zum Zwecke hat, dass die bürgerliche Gesellschaft die innere Übereinstimmung und Ordnung des Staates bezwecken soll und dass die politische Gesellschaft das Ansehen und das Schrecken ihrer Macht, sowohl nach innen als nach außen, beabsichtigen muss, Begriffe, die freilich für sie noch etwas verworren sind; sie würden endlich ohne Bedenken zugeben, dass die Weisheit und die Tugend in der natürlichen Gesellschaft, die Gerechtigkeit in der bürgerlichen und die Kraft in der politischen Gesellschaft die entsprechenden Mittel jenes dreifachen Zweckes sind; und wenn durch den Lauf der Dinge diese verschiedenen Gesellschaften entstehen und sich entwickeln, dann sehen wir erst recht die Staatsgelehrten alles anwenden, um deren Handlungen und Machteigenschaften als rechtmäßig darzustellen und uns zu überreden, dass alles daselbst auf der Gerechtigkeit, auf der Wahrheit und auf einer wirklichen Kraft beruhe, ungeachtet aller Verlegenheit, in welche ihre Beweisführung gerät, wenn ihre ruhige Vernunft und Untaten der Erde gegen ihre Behauptungen zeugen.

Auch sieht man sie alsdann tausend Anstrengungen machen, um durch ihre Betriebsamkeit und durch die Hilfsmittel ihres Witzes das zu ersetzen, was ihnen an Gewissheit und Kräften fehlt.

Auch sieht man sie alles Mögliche versuchen, um die menschlichen Gesellschaftsvereine zu begründen, ohne sich jemals zu der Höhe erhoben zu haben, wo sie uns ihre Bildung und ihre ursprüngliche Grundlage zeigen würden.

Auch sieht man sie in ihrem Schweiß und Blute sich ab mühen, um einen Gesellschaftsvertrag zusammenzubringen, wo im Grunde der eine vertragende Teil an Kraft und Licht mitteilt, was er nicht besitzt, indem er es sonst wohl für sich behalten würde, und wo der andere Teil nimmt, was ihm nicht gegeben wird, da er sonst nichts haben würde, und schleunigst die Verhandlung in eine gerichtliche Metzelei umwandelt, wo von zwei Menschen, die ursprünglich Brüder sein sollte, der eine ein Löwe wird und den anderen zu einem Lamme macht, das er gebieterisch überredet, dass es für das Glück der Gesellschaft und zur

Ehre der Gerechtigkeit mit fröhlichem Vertrauen und patriotischer Zustimmung sich von ihm müsse verschlingen lassen.

Auch sieht man sie all ihr Wissen anwenden, um die Frage vom Eigentum zu lösen, obgleich ihr ganzes Geheimnis sich auf das Recht des ersten Besitzes beschränkt; ein unsicheres Recht, zuerst, weil es nicht immer streng zu erweisen ist; sodann, weil bloß das Recht des ersten Besitzes oder der ersten besonderen Zueignung nicht jenes Recht der vorhergängigen allgemeinen Zueignung auslöschen kann, welches, in der Ordnung der blinden und rohen Natur, den ganzen Erdboden dem Menschengeschlechte überhaupt zusprechen würde, und weil dieses Recht des ersten Besitzes, entblößt von mächtigeren und einleuchtenderen Rechtsgründen, noch zugleich den Ansprüchen und der Kraft eines zweiten Besitznehmers untergeordnet ist, welcher, wenn er kann, den ersten austreiben wird; so dass denn unter dem Scheine einer vernunftgemäßen Rechtsbestimmung der Mensch in Wahrheit nur einer tierischen überliefert bleibt, wo das Recht des ersten Besitzes, welches ein Tier auf eine Beute hat, nicht verhindert, dass ein anderes Tier nicht sehr gesetzmäßig dieselbe ihm in Kraft des natürlichen Rechtes, welche alle Tiere auf alle Beuten haben, streitig mache, und dass folglich das Recht des ersten Besitzes, sowohl unter ihnen als unter den Menschen, seine Rechtmäßigkeit immer erst von einer Schlacht erwartet! In der Tat, um für dieses Recht des Eigentums eine genügende Quelle zu finden, müssen wir wieder auf unsere Grundlagen zurückgehen. Wenn der Mensch aus zwei Stoffen zusammengesetzt ist, muss es für ihn noch eine andere Art von Eigentum geben als die irdischen Besitztümer. Hatte die ewige und erzeugende Ursache alles dessen, was ist, den sittlichen Menschen aber in die weiten und lebendigen Güter gesetzt, wo ihre Weisheit und Gerechtigkeit sprossen, so war die Absicht, ganz ohne Zweifel, dass er sie bearbeiten und den Ertrag davon abliefern sollte, nicht aber um sie zu seinem Vorteil zu entäußern, weil jene ewige Ursache der einzige notwendige Eigentümer derselben ist und sonst zwei Herren dagewesen wären. Das gleiche findet sich abbildlich noch jetzt in unserem Verfahren mit unseren irdischen Gütern, wir nehmen Arbeiter an, Tagelöhner, deren Zeit und Schweiß wir bezahlen, denen wir aber weder unsere Ernten noch unser Grundeigentum übertragen. In diesen beiden Beispielen gilt ein und dasselbe Gesetz, obwohl der Gegenstand sehr verschieden ist, und dies Gesetz heißt für den Arbeiter Mühe, Arbeit und Lohn; Ernte und Ruhm für den Eigentümer und Herrn.

Das wahre Eigentum, welches der Mensch in diesem alten Stande gehabt haben würde, wäre sein eigenes Dasein als Geist-Mensch gewesen, dem nichts, nach Gott, an Werte gleichkommt; wären seine Gaben, seine Einsichten, seine Vermögen gewesen und der Befehl, den er empfangen haben würde, sie für den und den Gegenstand, in dieser und dieser Region zu gebrauchen; wie das erste Eigentum unserer Tagelöhner ihr Körper ist, ihre Geschicklichkeit oder ihr Handwerk und der Auftrag, welchen der Herr ihnen gibt; und die Vorsehung würde alle Menschen verteilt haben nach ihren besonderen Fähigkeiten in den verschiedenen Regionen ihres Besitztums, wie wir auf unsere Ländereien des unsrigen die verschiedenen Arbeiter zu den ihnen angemessenen Arten des Anbaus verwenden.

Als wir in Folge der augenscheinlichen Veränderung, die der Mensch wegen schlechter Versorgung seines auferlegten Amtes erlitten hat, in den Zustand versetzt worden, in welchem wir uns auf dieser Erde finden, hat uns dasselbe Gesetz hierher begleitet; denn die Erde ist wie der ausgepresste Rückstand jener alten und saftreichen Vegetationen und unabhängig von unseren materiellen Ernten ist auch noch etwas für die Weisheit und für die Gerechtigkeit daraus zu ziehen. Um an diesem Herausziehen zu arbeiten, dafür hätten, seit dem Falle, die Menschen nun noch immer nach ihren Gaben und Fähigkeiten auf dieser Erde verteilt sein sollen, wie die Vorsehung sie ehemals auf der ursprünglichen Erde verteilt haben würde; denn die Art des Eigentums ist nicht verändert, sie ist nur herabgestiegen; also wäre den Arbeitern gleicherweise der Ruf des Herrn nötig gewesen, um an seinem Gute beschäftigt zu werden, und sie hätten gleicherweise ihr Tagewerk zu leisten gehabt, bevor sie ihren Lohn hätten verlangen können.

Aber der Mensch tat das zweite Mal wie das erste: er begehrte der Arbeit keineswegs und hätte allerdings gern des Lohnes begehrt; er machte sich zum Herrn der politischen und geistigen Güter, deren Verwalter er nur gewesen, und nachdem er in dieser Art von Eigentum, welches wir sittliches und göttliches Eigentum nennen können, sich also betragen, hat er ebendasselbe in Betreff des Erdeneigentums getan, welches mit jenem verbunden und dem Gange desselben zu folgen genötigt war, seitdem wir selbst der Verbindung der beiden Grundstoffe unterworfen worden; denn wer nicht arbeitet, ist nicht wert zu leben; hier sieht man, welches der Irrtum und die Ungerechtigkeit desjenigen wäre, der nach unseren Grundsätzen auf die irdischen Besitztümer der anderen Ansprüche zu haben wähnte, während im Gegenteil er sich fragen sollte, ob er deren ganz ausgemachte auf seine eigenen hat und ob sie ihm wirklich durch seine **Tugenden** oder durch die **Tugenden** seiner Vorfahren erworben sind, da nicht zu leugnen ist, dass hierin unsere von den Menschen gemachten Besitzrechte sich ohne Unterschied mit der Lüge und mit der Wahrheit tragen.

In dem Missbrauche dieser **wirkenden** und **tugendlichen** Quellen des Eigentums würde folglich der einsichtbegierige Mensch auch den genügenden Aufschluss über den ersten Ursprung jeglicher Armut zu suchen haben und jener Art von Scham, welche der Mangel der Glücksgüter wie der Mangel der Einsichten und des Ansehens nach sich ziehen; denn je mehr der Gedanke des Menschen sich von der Absicht des Eigentümers entfernt und dessen Rechte sich anmaßen wollte, desto mehr musste dieser Eigentümer sie als die seinigen zurücknehmen und ihn seine Ungerechtigkeit und sein Unvermögen fühlen lassen, bis die Weisheit ihn endlich sich selbst und den Unordnungen überlieferte, die aus seiner eigenen Finsternis entstehen mussten!

Nun diese Unordnungen und diese Finsternis sich mehr und mehr anhäuften, sowohl in Betreff des göttlichen und politischen Eigentums als in Betreff des Erdeneigentums, das sich jetzt so fern von seiner Bestimmung findet, darf es wohl nicht zu verwundern sein, dass die Staatslehrer, wenn sie jetzt das eine wie das andere zu seiner rechtmäßigen und ursprünglichen Grundlage zurückführen wollen, in einiger Ungewissheit herumtasten.

Könnte es sich anders damit verhalten, mein Freund, da bei aller Wunderlichkeit des Ausdrucks, den ich gebrauchen werde, doch nicht weniger wahr ist, dass seit allen diesen Stufen der Veränderung, durch die wir gegangen sind, das erste Eigentum des jetzigen Menschen seine Dürftigkeit ist? Ja, diese Dürftigkeit ist es, die ihn jetzt drängt, seine Fähigkeiten zu entwickeln und Arbeit bei dem Herrn zu suchen, um seinen Unterhalt zu gewinnen und die Wiedereinsetzung in sein wahres Eigentum zu erlangen, statt dass nach dem anfänglichen Plane ihn ein anderer Trieb geleitet und er keinen Mangel zu fürchten gehabt hätte.

Außer dem Schlüssel der Besitztümer würde in dem erhabenen Plane, von dem ich dir rede, auch der Schlüssel jenes wahnvollen Stolzes zu finden sein, welchen die Menschen an den Glanz und das Alter ihrer Namen knüpfen. Denn nach diesem Plane hätten die Menschen, verteilt und beschäftigt nach ihren Fähigkeiten auf den Gütern der obersten Gerechtigkeit, auch ihre Namen sämtlich nach den Fähigkeiten und nach den Regionen empfangen, in welchen ihr Beruf sie beschäftigt haben würde, wovon wir in dem bürgerlichen Leben der Völker noch einige Nachbildungen erblicken. Aber mit diesem Anbau und seinen Ergebnissen hätte es sich wie mit unseren Gewächsen verhalten, die auf jeder Stufe ihrer Bildung mehr und mehr ihre Wirksamkeit entwickeln und deren letzte Ergebnisse, welches die Früchte sind, alle früheren übertreffen. Die Namen der von der Weisheit zum Anbau ihrer Güter berufenen Menschen würden demselben Gesetze des Fortschreitens gefolgt sein und die neuen Namen folglich einen desto größeren Wert gehabt haben, als ihre Bedeutung höhere Ämter bezeichnet hätten.

Allein der Mensch, der alle diese Wahrheiten aus dem Gesicht verloren, der Mensch, welcher stets nur das Außenbild der Dinge und dieses stets verkehrt ergreift, hat die Stelle dieser belebenden Tätigkeiten durch unfruchtbare Verrichtungen und die Stelle der mit jenen verknüpften Namen durch selbstgemachte ausgefüllt, die er bequemer gefunden, nach ihrem Alter zu würdigen als nach einen inneren Werte, den sie nicht haben, und er hat die neuen Namen herabgesetzt, während nach der wahren Ordnung diese neuen Namen einen Preis hätten haben müssen, dessen die ältesten Namen nicht teilhaft gewesen wären.

Man würde ferner hier die ursprüngliche Wurzel nicht bloß all jener abbildlichen Würden, sondern auch all jener kindischen Zierraten und selbst jener geringfügigen Wappen finden können, denen wir gezwungen sind, wenn wir nachdenken, ursprünglich einen anderen Sinn als den der bloßen Meinung, anzuerkennen.

Denn wenn unsere blinde Nichtigkeit es ist, welche uns auf diese Zeichen in ihrem jetzigen Zustande einen so hohen Wert legen lässt, so ist es die Unwissenheit, welche uns hindert, durch ihre Umhüllung hindurch den Quell zu sehen, woher sie sich ableiten, und es ist aus Übereilung, dass wir sie philosophischerweise unter die Spielereien unserer Kinderjahre verwerfen; sie haben zwar auf uns dieselbe Wirkung, nämlich die, uns zu zerstreuen, aber die Art und Weise ist nicht dieselbe; sie beschäftigen uns mehr als sie uns vergnügen; die Spielereien des Kindes vergnügen dasselbe mehr als sie es beschäftigen; zuerst nur aus Entbehrung hängt es sich daran und nicht aus Meinung, und in seinem Spiele ist es aufrichtig und wahr mit aller Welt; uns aber, uns zieht der Stolz zu unserem Spielwerke hin, das falsche Glück, durch diese Auszeichnung in der Meinung von unseresgleichen andere, als sie es selbst sind, zu scheinen, und die Unredlichkeit leitet unser Treiben, da wir verlangen, dass sie vor unserem Spielwerke sich niederbeugen und dasselbe in einem Preise schätzen sollen, von dem wir selbst wohl wissen, dass es ihn nicht besitzt.

In dem Plane, den ich mit meinen schwachen Mitteln dir in flüchtigen Umrissen andeutete, wären alle diese Zeichen wahrhaft ehrenvoll gewesen, denn sie wären lebendig gewesen und hätten folglich ohne Zweideutigkeit den Anteil bezeichnet, den der einzelne an dem Werke gehabt, die Vorteile, die er dadurch dem Reiche des Lebens verschafft, und selbst den Stoff, auf den er seine Fähigkeit verwendet, das heißt, den er belebt und wiedergeboren hätte: lauter Dinge, von welchen die Menschen, in ihrem Reiche des Todes, uns noch ungestalte Spuren darbieten, indem alle ihre Anstrengung dahin geht, dass all ihr Übereinkömmliches in dieser Art wirklich bezeichnend erscheine.

Man würde auch den Schlüssel jenes Lehnwesens, das in der Hand des Menschen jetzt so missbräuchlich und seltsam geworden, dort finden können, weil dort jeder seine Art von Gülten zu bezahlen gehabt hätte, nicht an Menschen, sondern an die ewige Oberlehnbarkeit, nach Verhältnis der Gaben und des Teils von wesentlichen Gut, die ihn zum Genusse von ihr übertragen worden wären; und wenn alles dieses Wahrheit ist, wie ich es gern glaube, so kann man den Vorschritt nie genug preisen, den Frankreich dadurch getan, dass es die leeren Scheinbilder davon abgeschafft hat.

Und endlich würde man, aus dieser Quelle schöpfend, gewiss nicht verfehlt haben, auch den Schlüssel jener mannigfachen hieroglyphischen Zeichen zu finden, die auf den Denkmälern der verschiedenen Völker erhalten sind und die Verzweiflung der Gelehrten machen; aber diese Gegenstände würden uns allzu weit führen.

Ich wende mich daher wieder zu den Staatsgelehrten und wiederhole dir, dass inmitten alles politischen Herumtastens, worin sie sich drehen, sie meine Sache verteidigen, denn wenn sie die Wahrheit uns auch nicht geben, so möchten sie es doch wenigstens und suchen dieselbe, ohne es zu wissen, auf die nämliche ewige positive Grundlage zu stellen, die ich dir unaufhörlich vor Augen halte.

Wirklich fühlen sie selbst im Aussprechen der Entscheidungen, die ihnen jenes Herumtasten liefert, die Notwendigkeit der Bestimmung und des Beistandes eines über den menschlichen Willen erhabenen Willens, um ihre Anordnungen, ihre Gesetze, ihre Gewalten zu bestätigen, das heißt, in meiner Sprache, um jene uns eingeborenen Gaben, Einsichten und Vermögen zu bestätigen und um uns zum Gebrauche derselben zu berechtigen; denn obwohl in dieser Ordnung der Dinge sie mir nur Abbilder und äußeren Schein zeigen, so ist doch nicht minder wahr, dass unter allen Gesetzen, die von ihnen ausgehen, unter allen Gewalten, die sie einsetzen, unter allen Anstalten, die sie gründen, keine einzige ist, welche, bevor sie in Ausübung tritt, nicht durch eine Art von Weihe hindurchgeht.

Diese Gesetze, die man verkündigt, diese Feldherren, die an der Spitze ihrer Heere ausgerufen werden, diese Könige, die auf dem Schilde, wie zur Zeit unserer alten Gallier oder mit anderer Förmlichkeit erhoben werden; diese Obrigkeiten, die sich in ihre

Würden und Ämter einsetzen lassen, gleich allen anderen öffentlichen Beamten; diese Volksvertreter selbst, welche ungeachtet der Gültigkeit ihrer Wahl sich noch der ausdrücklichen Anerkennung ihrer Vollmachten unterwerfen müssen; die Künste, die Wissenschaften, die Geschicklichkeiten, welche dieselbe Bedingung jedem auferlegen, der sie in der Gesellschaft ausüben will, ferner feierliche Einsetzungen, Ernennungsurkunden, Seligsprechungen, Weihungen der Gebäude, kurz alle religiösen, bürgerlichen und politischen Feiergebräuche und selbst diese einfachen Volksversammlungen, wo die Menschen sich mehr Ehre bezeigen, als bevor sie hereintraten, wo in der Ordnung und dem majestätischen Schweigen, die daselbst herrschen, jeder sich größer werden fühlt durch die Anwesenheit einer Macht, die nicht die seinige ist, und deren Aussprüche er mit Begierde erwartet; mit einem Worte, alles Tun der Sterblichen bietet mir diese auffallende Lehre, durch welche diese nämlichen Sterblichen, selbst während sie umfassende und unzählige Fähigkeiten in sich erkennen, doch zu gestehen scheinen, dass sie von Anfang nicht die einzigen Herren derselben sind und dass, ohne ihr Wissen, sie in der Tat allgemein nur zwei Arten der Beziehung zu diesem über ihnen stehenden Urwesen haben: die eine, dass sie vor dem Gebrauche, welche sie von den Gaben, Einsichten und Vermögen, die ihnen eigen sind, machen wollen, abwarten, bis eine Hand, die höher steht als ihr Willen, jenen Gebrauch bestätigt und weiht; die andere, dass sie jenem Urwesen die Huldigung davon darbringen und die herrlichen Erfüllungen preisen, wenn sie dieselben glücklich zu ihrem Ziele geführt haben.

Untersuche sorgsam und lange, was ich hier vortrage, und du wirst erkennen, ob dies nicht der ursprüngliche Sinn all der Einrichtungen sei, welche die Welt erfüllen, trotz dem, wenn man sie nur nach den äußeren Tatsachen beurteilt und sogar auch, indem man ihnen die wenigen Vorzüge lässt, welche die Hand des Menschen ihnen nicht rauben kann, sie allgemein die Beute des Ehrgeizes, der Heuchelei, der Erpressung und des Hochmutes sind.

Wenn wir nun zwischen diesen Missgestaltungen hindurch den vollständigen und geheiligten Sinn all dieser entstellten Gebräuche noch wahrnehmen können; wenn über die ganze Erde

hin die Menschen in abbildlichen Einrichtungen und in überein-
kömmlichen und falschen Dingen uns so die Wahrheit enthüllen,
warum sollten sie mir nicht zugeben, dass es ihnen möglich wäre,
mir davon noch sprechendere Zeugnisse zu bieten, wenn sie in
den Wirklichkeiten wandelten, weil in diesen Wirklichkeiten jener
Sinn noch hervorspringender sein müsste als in den Lügen und
dem Schein, indem er daselbst, als in seinem natürlichen Elemente befindlich, nur um so unmittelbarer und lebendiger sein müsste? Eine Bemerkung, die für sich allein schon mehr zugunsten all
meiner Grundsätze streitet als es alle politischen und philosophischen Bücher vermöchten und die mir den Menschen einem
obersten Gesetz untertan zeigt, nicht nur in allen seinen gesellschaftlichen und politischen, bürgerlichen und natürlichen Handlungen, sondern selbst in allen seinen eigensten, besonderen und
persönlichen Handlungen; die endlich, wenn er in der Ordnung
sein will, mir ihn in allen seinen Gedanken, in all seinem Wollen
und bis in seinen geringsten Bewegungen notwendig dieser allgemeinen Weihe und dieser allgemeinen Huldigung unterworfen
zeigt, wenn die allgemeine Oberherrlichkeit der allgemeinen Vorsehung dartun.

Ich brauche dich nicht aufmerksam zu machen, dass selbst in
unserem Zustande des Mangels und der Prüfung dem Glücke des
Menschen gewiss nichts gefehlt haben würde, wenn er in gerader
Ordnung und nicht in verkehrter, wie er täglich tut, diese Wege,
Pfade und Gebräuche befolgt hätte, in deren Grunde wir eigentlich
eine so tiefe Bedeutung entdeckt haben. Die Verderbnisse würden
nur teilweise gewesen sein und die Wiederherstellungen nur allgemein und stets im Zunehmen.

Die natürliche Gesellschaft würde unter den Menschen
keinen Herrn anerkannt haben, und doch würden alle ihre Mitglieder durch die unveräußerlichen Rechte ihrer freien und tugendhaften Natur ebenso viele Herren gewesen sein; auch würden
sie stets zur Wirksamkeit bereit gewesen sein, welche die wahre
Eigenschaft der natürlichen Gesellschaft ist.

Die bürgerliche Gesellschaft würde Verwalter gehabt haben,
aber keine anderen Herren als die Gerechtigkeit, weil es nur nötig
gewesen wäre, die Grundsätze derselben zurückzurufen und dar-

zustellen, und weil es keiner Herren bedarf, wenn es nur auf Rat und Überlegung ankommt, indem ja gewöhnlich die Weise des Herrn mehr darin besteht, dass er will und gebietet, als dass er Beratung hält.

Die politische Gesellschaft endlich würde Führer und Häupter von wirksamem Ansehen gehabt haben, weil sonst der ganze Zweck der politischen Ordnung verfehlt gewesen wäre. Allein wenn auch diese politische Gesellschaft Führer und Häupter gehabt hätte, sie hätte darum noch nicht Herren gehabt, da sie im Gegenteil nach innen wie nach außen nur Verteidiger und Beschützer gegen die Ungerechtigkeiten und Unordnungen gewesen sein würden; aber umso furchtbarere Verteidiger, als der Übeltäter sich weder ihrer Aufsicht hätte entziehen können noch der Strafe; lauter Folgerungen, die aus den weiter oben dargelegten Grundsätzen über die wahren Rechte des Menschen sich ergeben, die ich dir als die wesentlichen Stoffe der festen Begründung der menschlichen Gesellschaft gezeigt habe, als die natürlichen Bestandteile unseres Seins, und die man uns nicht versagen darf, wenigstens als Vermögen, wenn auch nicht als Tat, ohne sie auch der Vorsehung zu versagen, da wir sonst uns nicht mehr ihre Ebenbilder nennen noch uns versprechen könnten, sie vollständig auf der Erde zu vertreten.

Und im Voraus kannst du hier den Begriff des Wortes Vertreter bilden. Jedes damit bekleidete Wesen bietet sich unserem Geiste sogleich als der Widerschein einer Macht dar, die über ihm steht, eines Vorbildes, dem es suchen muss, nach besten Kräften für den höheren gesellschaftlichen Vorteil nachzuahmen, aber worauf er nie lasten noch Herrschaft üben kann; denn sobald der Vertreter auf seinen Vertreter lastet, ist zu vermuten, dass die Eigenschaft, die er empfängt oder nimmt, nur ein Missbrauch des Wortes ist, da unmöglich ist, dass der oder diejenigen, welche ihn beauftragt haben, sie zu vertreten, Urgrund zugleich und Gegenstand der Wirksamkeit sein könnten, deren Bewahrer er nun wird, und dass sie den Willen haben konnten, ihm Rechte zu geben, die ihnen schädlich werden dürften; und folglich ist er weit entfernt, den Gesellschaftsverein zu der Summe von Glück zurückführen zu können, zu welchem trotz unserer Herabwürdigung unsere Natur noch erlaubte zu gelangen.

Aber wie ich dir schon gesagt, wie sollten die Menschen einige Kunde von diesem glücklichen Zustand bewahren? Wie sollten sie ihn nicht für bloß einbilderisch halten, da sie alle die Wege und alle die Pfade, die sie dahin leiten konnten, in entgegengesetzter Richtung gegangen sind? Sie haben in der gesellschaftlichen und politischen Linie dasselbe getan, was die Priester in der religiösen Linie getan haben; sie haben die gesellschaftliche Ordnung mit der Herrschaft ihrer eigenen Begierde verwirrt; den rechtmäßigen und wohltätigen Vorstand mit der Stärke oder dem Schrecken; die äußerliche Überlegenheit mit den wahren Rechten des Menschen; da sie nicht gehörig vorbereitet waren, als sie sich zu den verschiedenen Stufen der gesellschaftlichen Klasse erhoben, das heißt, da sie den Schlüssel ihres Wesens weder gesucht noch entdeckt hatten, so haben sie ihre eigene ungestalte und missgeordnete Wirksamkeit derjenigen untergeschoben, die sie dort erwartete, um ihnen ihre Weihe zu geben und sie zu leiten, und sie haben selber alle Hilfe entfernt, deren sie zur Sicherung ihrer Schritte bedürftig waren.

Was musste alsdann aus dem ursprünglichen und geheiligten Zwecke des menschlichen Gesellschaftsvereins werden, welcher die Menschen nur vereinigt hatte, um sie stufenweise und auf sanften Wegen zu jenen Erkenntnissen und zu jenem entzückenden Dasein zurückzuleiten, dass unser irdischer Aufenthalt uns jeden Tag bis auf die Erinnerung entführt? Was musste, sage ich, aus dem ursprünglichen Zweck unserer Gesellschaftvereine werden, für den alle Einzelnen, welche jene bilden halfen, unaufhörlich hätten sich selbst vergessen sollen, wenn sie den Plänen der Vorsehung hätten förderlich sein wollen, der diese Vereine aus keiner anderen Ursache so teuer gewesen wären, als weil sie selbst das Ziel und der Mensch der Gegenstand davon war?

Die Tatsachen werden uns nur zu sehr antworten: in der Hand des also verderbten Menschen ist der Gang der natürlichen Gesellschaft zerstörend für die Natur geworden, weil der Mensch bloß gesucht hat, sich darin der Weisheit und der Tugend zu entschlagen; der Gang der bürgerlichen Gesellschaft ist zerstörend für die Gerechtigkeit geworden, weil er bloß gesucht hat, darin den Geist des Gesetzes zu entbehren, welches das Wohl von allen ist; der Gang der politischen Gesellschaft endlich ist zerstörend für die Grundlage selbst geworden, oder, mit einem Worte, für die Vorsehung, weil er bloß gesucht hat, darin dieser einzigen Urquelle der wahren Kraft und der Wirksamkeit aller wahren Macht zu entbehren. Wenn man die Menschen den ehrwürdigen Zweck der verschiedenen Gesellschaftsvereine so wenig erfüllen sieht, ist es dann zu verwundern, dass sie so unsicher, so blind, so grausam, so ungerecht gegeneinander sind, statt dieser erhabenen Entwicklungen und all der Glückseligkeit zu genießen, mit welcher ihr geselliger Verein ihr Dasein hätte verschönern können?

Doch, mein Freund, eben in diesem Zustande der Unsicherheit und Finsternis ist es, in dieser weiten Ferne von der Erfüllung des heiligen Zweckes der menschlichen Vereinigung, in dieser noch weiteren Ferne von dem Verlangen nach dessen Kenntnis ist es, dass die Menschen sich bemühen und ereifern, sich einander bestreiten und zerreißen, um zu entscheiden, welches die Gestalt und die Art sei, welche dieser Verein haben müsse. Wie sollten sie doch gerechter und hellsehender in diesem Stücke sein als in der Grundsache des Vereins selbst? Denn es ist Zeit, dir eine Wahrheit zu sagen, welche dir nicht mehr neu wird scheinen dürfen; nämlich dass die Regierung nur der äußere Teil des gesellschaftlichen Körpers ist, während der Verein selbst in seinem Gegenstand und in seinen verschiedenen Eigenheiten betrachtet der Kern davon ist; dass, welcherlei Gestalt die Völker auch für ihre Regierung anwenden, der Grund ihres Vereins immer derselbe bleiben und denselben Gesichtspunkt behalten muss, nämlich den der Aufrechterhaltung der natürlichen Gesellschaft, der bürgerlichen Gesellschaft und der politischen Gesellschaft, jede gestützt auf ihre Grundlagen, die Weisheit, die Gerechtigkeit und die Macht.

Sehe ich nun die Staatsgelehrten sich in dieser Art über die Gestalt des Gesellschaftsvereins quälen, während sie über den Grund selbst so wenig vorgeschritten sind, so glaube ich Leute zu sehen, die sich bei einem Leichnam über die Art und Farbe der Kleider streiten, in welchen sie ihn zu Grabe tragen wollen; oder ich glaube Baumeister zu sehen, die eine Festung auf den Meeresfluten errichten wollen und über dessen besten Entwurf dazu in Zwietracht sind. Staatsgelehrte! Staatsgelehrte! Wenn selbst euch gelungen wäre, eure gebrechlichen Meinungen durchzusetzen, noch mehr, wenn selbst durch was irgend für ein Mittel euch gelungen wäre, eine äußere Ruhe unter den Völkern zu begründen und für alle ihre Gefühls-Bedürfnisse zu sorgen, so hättet ihr zwar viel getan, aber ihr hättet das Werk doch kaum begonnen, und besonders hättet ihr noch keineswegs die Frage über die Regierungen entschieden.

Wenn diese Regierung nur die äußere Gestalt des Gesellschaftskörpers ist, und wenn der Verein, in seinem sittlichen Zwecke betrachtet, der Kern und der Grund davon ist, so müsste man von der Natur selber dieses Vereines das Musterbild seiner Gestalt erwarten, so wie die Gestalt eines Baumes sich wesentlich von der Natur seines Keimes herleitet. So dürfte man auch nicht darüber erstaunt sein, die Regierung nach Alter und Bedürfnis des Gesellschaftsvereins wechseln zu sehen, wie wir ja auch den Menschen als Erwachsenen anders gekleidet finden als in seiner Kindheit.

Und es wäre sicher eine der schönen Forschungen des menschlichen Geistes, mit diesem Kompass das Meer der Jahrhunderte zu durchschiffen und daselbst zu beobachten, wie in allen menschlichen Vereinen, in den natürlichen, bürgerlichen und politischen, die Gestalt der Regierung immer durch das Sittliche des Gesellschaftskörpers gleichsam fortgerissen worden; ein Sittliches, das aber in jedem Falle tiefer untersucht werden müsste, als dies von Staatsgelehrten geschehen ist, welche diese Mine anzubrechen versucht haben; denn sie sind nicht durch die Schicht des äußeren Sittlichen durchgedrungen, welches fast nichts lehrt, da es gleichsam in Staub verwandelt und von derselben Dünne bei allen Völkern ist.

Aber ich könnte in dieser anziehenden Forschung mit den Staatsgelehrten nur insofern gemeinschaftlich fortschreiten, als wir gegenseitig über unsere Grundlagen übereingekommen wären, und ich weiß sehr wohl, wie schwer diejenigen, die ich ihnen darbiete, ihre Billigung erlangen werden; aus demselben Grunde darf ich ihnen noch viel weniger in ihre Streitverhandlungen über die beste Gestalt der Regierung nachfolgen, solange die Grundsätze, welche ich über den Zweck und die Art des menschlichen Gesellschaftsvereins auseinandergesetzt habe, nicht nach höchster Anschauung von ihnen ermessen sind. Nur, wie sie, eine neue Meinung zu den schon bestrittenen über diesen Gegenstand hinzuzufügen, ohne ihnen zur Untersuchung Zeit zu geben, ob ich sie wirklich auf unerschütterlichen Boden gegründet, auf welche alle Meinungen genötigt wären zusammenzukommen, das hieße nur ein Schwert mehr in die Beratung werfen und die Unordnung des Gefechtes vermehren, ohne irgendetwas für die Wahrheit zu tun. Übrigens fordert der politische Aufschwung, in welchem wir uns befinden, jetzt vielmehr das Zusammenwirken des Antriebes und der Kraft der Bürger als den Zoll ihres ruhigen Denkforschens; und wie wahr auch das meinige sein möchte, so würde es doch hier durch weitere Ausdehnung an ungehöriger Stelle erscheinen.

Auch beschränke ich mich, dir die heiligen und unsterblichen Wurzeln darzutun, auf denen allein, dünkt mich, in seinem Ursprunge, der gesellschaftliche Baum beruhen sollte, damit der Verstand und das Herz des Menschen daselbst eine Nahrung finden könnte, die Festigkeit hätte; und statt Feuer und Schwert hier versuchen zu wollen, begnüge ich mich, das Feld der Staatsgelehrten zu verlassen, das insbesondere so viele Proben hat, dass ihre Lehre mich nicht bis zum Ziele führen würde.

Wirklich würden sie mir nur ungenügende Nahrung geben, wenn sie mich lehrten, wie sie es tun, dass die Regierungsformen sich in demokratische, in aristokratische und in monarchische einteilen, wie den Gesellschaftsverein in drei Ordnungen, in die natürliche, die bürgerliche und die politische, eingeteilt haben; dass die demokratische Regierungsform für das Gemeinwesen die vorteilhafteste sei, obwohl sie in dem Fall sei, durch ihre Bewegungen eine größere Anzahl von einzelnen zu drücken; dass die monarchische Regierungsform, indem sie einige begünstige, dem Gemeinwesen am meisten entgegen sei, weil nur zu viele Beispiele zeigen, dass sie die ganze Nation in den Monarchen und seine Begünstigten zusammenziehe und alle übrigen gleichsam in untätiger Lähmung lasse; dass die aristokratische Regierungsform mehr oder weniger diese Vorteile und diese Nachteile vereinige, je nachdem sie der monarchischen oder der demokratischen näher liege.

Sie würden mir nur ungenügende Nahrung geben, wenn sie mir sagten, dass die wahre Eigenheit der Demokratie in der Tätigkeit aller Mitglieder des Freistaats bestehe, indem jeder persönlich zum Besten des Gemeinwesens beiträgt; dass die Eigenheit der Aristokratie darin liege, dass die Verwalter des Staats weniger durch Machtansehen als durch Beratung und Gerechtigkeit herrschen, indem sie das Gesetz befolgen lassen, da anzunehmen ist, dass sie dieses Gesetz nicht selbst geben, sondern nur es zu erhalten berufen sind; dass die Eigenheit der Monarchie sei, mit Gewalt auf die Nation zu lasten, um ihr die Bewegung und das Schrecken mitzuteilen und mehr durch die Macht als durch das Gesetz zu herrschen, wodurch für die ehrsüchtigen Menschen diese Form so vielen Reiz erhält, indem sie es so angenehm finden, über die anderen Menschen zu herrschen, ohne sich selbst beherrschen zu müssen.

Sie würden mir auch nur ungenügende Nahrung geben, wenn sie, mit ihrer Beredsamkeit die Regierungen darstellend wie sie sind, statt sie darzustellen, wie sie sein sollten, nur zeigen möchten, wie der gesellschaftliche Körper leidend wird, nach Maßgabe, dass die menschliche Macht ihr Joch über ihm erhebt; wie das Glück des Menschen und das menschliche Machtansehen zwei Reihenfolgen bilden, die sich durchkreuzen und in umgekehrtem Verhältnis fortschreiten und wie es durch diese bejammernswerte Umkehrung kommt, dass der Gesellschaftsverein das äußerste Missgeschick nur erreicht, wenn er die äußerste Unterwürfigkeit erreicht und wiederum nur zu der äußersten Unterwürfigkeit gelangt, wenn er zu dem äußersten Missgeschicke gelangt.

Warum gäben sie mir nur ungenügende Nahrung durch alle diese Wahrheiten, von welchen die einen so mittelmäßig belehrend und die anderen so niederschlagend sind? Darum, weil sie den übrigen Wahrheiten fremd bleiben, welche wesentlicher und trostreicher sein würden und die allein für alles Hilfe und für jede Frage Antwort brächten; weil sie mir da nur von menschlichen Demokratien reden, von den menschlichen Monarchien, von den menschlichen Aristokratien, und weil sie, aus dem, was bloß menschlich ist, nicht herausgehend, den Menschen nur von Abgrund zu Abgrund führen; weil bei einem solchen Wesen wie der Mensch, der allein die Vorstellung des Unglücks auf der Erde hat, es hundertmal besser ist, ihm seine Übel, wenn sie unheilbar sind, zu verbergen, als sie seiner Erkenntnis zu enthüllen. Ist es nicht genug für ihn, wenn er leidet, und muss man zu seinen Schmerzen noch die Verzweiflung hinzufügen? Was würdest du von einem Wundarzte sagen, der alle deine Glieder aufritzte, um dir den Brand derselben darzutun, und der sodann, statt wiederherstellende Säfte in deine Adern zu flößen, dich verließe, um schöne Abhandlungen darüber aufzusetzen, wie die Haut rein und glatt zu erhalten sei?

Gleichwohl ist es gerade dies, das die Staatsgelehrten aller Länder getan haben; sie haben sich nur bemüht, unsere gesellschaftlichen Wunden aufzudecken und sodann, statt das Leben bis in die Wurzeln des menschlichen Gesellschaftsvereins einzuströmen, wie ich dazu durch diese lebendigen Grundsätze, die ich dir darlege, beizutragen strebe, haben sie ihre Blicke auf die Außenfläche des Kranken beschränkt.

Sie haben nicht einmal gesehen, dass in allen politischen Körpern sich eine geheime Mischung der Grundstoffe der drei Arten von Regierungsform befindet, wie wir deren eine offenbare der Grundstoffe der drei Arten von menschlichen Gesellschaftsvereinen verkündigt haben. Der Grund dieser Mischung würde jedoch genug bemerkbar werden, wenn man bedächte, dass überall, wo Menschen in Gesellschaft vereinigt sind — aber nicht zerstreute und entartete Horden, die nicht in Betracht kommen, da sie als Ganzes weder die Tugenden der natürlichen Gesellschaft, noch die Einsicht der bürgerlichen Gesellschaft, noch die Stärke der politischen Gesellschaft darbieten; dass überall, sage ich, wo Menschen zu einem Volkskörper vereinigt sind, Handeln, Beraten und Befehlen nötig sind; dass man wirklich daselbst handelt, beratet und befiehlt, einerlei auf welche Art und unter welcher Benennung und dass dieses die drei Eigenheiten sind, welche die drei Regierungsformen unterscheiden.

Allerdings vermehrt diese Mischung noch die Schwierigkeiten, welche die Staatsgelehrten in ihren Forschungen erfahren; sie wollen teilen, was verbunden ist, sie möchten zu einer Regierungsform gelangen, die völlig vereinzelt und ohne eine Mitwirkung der beiden anderen bestünde, indes die strengste Untersuchung sie immer beisammen zeigen wird, obwohl überall eine von ihnen abwechselnd vorherrscht; während sie nun dergestalt in unfruchtbaren Forschungen über den untergeordneten Gegenstand, der nur die erhaltende Hülle der Frucht ist, sich erschöpfen, verlieren sie den uranfänglichen und wesentlichen Gegenstand, den Anbau der Güter der ewigen Gerechtigkeit und die Veredlung des gesellschaftlichen Körpers ganz aus den Augen und teilen diese unordentliche Bewegung allen Gliedern desselben mit.

Die Vorsehung hingegen, die ohne Leidenschaft wie ohne Unwissenheit ist, legt kein so großes Gewicht auf diese Hülle als auf die Vervollkommnung und das sittliche Glück des Gesellschaftsvereins, weil sie ihren Gegenstand nicht aus dem Gesicht verliert und weil sie weiß, dass durch diese Vervollkommnung ihr Werk vorrücken kann.

Daher, als die Hebräer, nach Samuel, ihre Volksregierung mit der monarchischen Regierungsform vertauschen wollten, fing die Vorsehung damit an, ihnen alle Nachteile, die ihre üble Wahl mit sich führen würde, vorstellen zu lassen, und sie gab ihnen zwar zuletzt einen König, als sie dieselben auf dem Vorsatze beharren sah, aber sie vergaß darum nicht den heiligen Zweck des Vereines selbst. Sie empfahl ihnen die Befolgung der Gesetze, in denen sie nicht aufgehört hatte, sie zu unterrichten und versprach ihnen, dass, wenn sie nicht alle Begünstigungen, womit sie überhäuft worden, vernachlässigten, sie und ihr König bewahrt bleiben sollten, lauter Dinge, die sie ihnen unter Moses vorausverkündigt hatte, siehe das 17. Kap. des 5. Buches.

Daher, als die Vorsehung durch ihren Propheten Samuel die Hebräer ermahnte, ihre Volksregierung zu erhalten, tat sie dies nur, um dieselben näher zu sich zu ziehen; sie tat es, um ihr eigenes Reich ohne Vermittlung eines Herrschers über sie zu begründen, aber nicht um sie sich selber preiszugeben und sie zu aller Unordnung einer bloßen menschlichen Volksregierung herabsteigen zu lassen, wie so viele Leute so leichthin aus der berühmten Stelle Samuels gefolgert, die Jean-Jacques in einer der glücklichsten Bewegungen, die er jemals empfunden, angeführt hat; ein Missgriff, der doch wohl nicht würde stattgefunden haben, wenn dieser große Schriftsteller noch ein Wort mehr gesagt oder seine Leser eine Zerstreuung weniger gehabt hätten.

Denn als vor der Herrschaft der Könige die Hebräer sich von Gott entfernten, um sich aller Unordnung der menschlichen Volksregierung hinzugeben und sie dadurch die Beute ihrer Feinde wurden, so war es, um sie dieser Unordnung und den aus ihr entstehenden Übeln zu entreißen, es war, sage ich, um sie wieder zu sich heranzuziehen, dass die Vorsehung ihnen Richter gab, die eine Art geistiger Aristokratie bildeten und die zum Zwecke hatten, ihnen die Gesetze der Weisheit und die Verordnungen der Wahrheit zurückzurufen.

So hat Rousseau, des Lobes in so vielem Betrachte würdig, und dessen meisten Schriften das Handbuch aller guten Menschen sein sollten, über den Gegenstand, von dem hier die Rede ist, nur deshalb so viele Zustimmung gefunden, weil man gerade das Widerspiel seines Gedankens ergriffen hat. Er würde vielleicht gehöhnt worden sein, wenn er seine erhabenen Grundsätze vollständiger dargelegt hätte, so misstrauisch hat man uns über alles gemacht, was das Reich der Vorsehung betrifft. Und wahrlich, wenn die Hoffnung, zu denselben Ehren wie er zu gelangen, mein Antrieb gewesen wäre, die Feder zu ergreifen und mich so zu zeigen, wie ich in diesem Augenblick es tue, so würde ich allem Anschein nach falsch gerechnet haben.

Ich werde deshalb nicht minder verkünden, dass in den Augen dieser Vorsehung der erste Gegenstand der Anbau ihrer ewigen Güter ist, der Erzeuger der Wahrheit und Gerechtigkeit; dass der Lohn der Arbeiter das Glück des menschlichen Gesellschaftsvereins sein würde, ausschließlich gegründet auf ihre göttliche und unmittelbare Aufsicht; dass die Form der Regierung nur der zweite, untergeordnete Gegenstand ist; dass, welches auch die Form dieser Regierungen ist, die Vorsehung sie nur sofern gedeihen lassen kann, als ihre Weisheit und ihre unwandelbare Vernunft sie belebend durchdringt; als sie mit einem Worte —

erschrick nicht über das, was du lesen wirst — wahrhaft dem Geiste nach theokratisch sind, nicht menschlich theokratisch, um nicht zu sagen höllisch theokratisch, wie dieses auf der Erde allgemein stattgefunden, sondern göttlich, geistig und natürlich theokratisch, das heißt, ruhend auf den Gesetzen der unwandelbaren Wahrheit und auf den Rechten dieses heiligen Verhängnisses, welches Gott und den Menschen, in welcher Lage er sich auch befinde, durch ein unauflösliches Bündnis vereinigt.

Wir müssen hier von der Erhabenheit dieser Regierungen sagen, was wir von der Erhabenheit des menschlichen Gesellschaftsvereins gesagt haben, nämlich dass zur Erreichung des Zwecks dieser göttlich, geistig und natürlich theokratischen Regierungen die Gesetze derselben im wahren eigentlichen Sinne befolgt werden müssten und nicht im umgewandten Sinne; umso mehr, da je höher der Grad in dieser Ordnung der Dinge sich erhebt, desto größere Abscheulichkeit daraus hervorgeht, wenn er nicht rein ist; dass ferner, welches auch immer die Form der Regierungen sei, die Regierenden in Wirklichkeit die höchste Vernunft als ihr Haupt und als ihren Führer anerkennen müssten, da ihr allein die allgemeine Herrschaft in **Wirklichkeit** angehört, und in diesem Betracht könnte vielleicht genügen, sich mit der Vervollkommnung der Regierenden, statt der Regierungsformen, zu beschäftigen, denn diese flösse natürlicherweise aus der anderen und das Ganze für das höchste Wohl des Gesellschaftsvereins, welcher, nach der Wahrheit, mit der Regierung eins und so innig mit ihr verbunden sein sollte wie die Körper der Materie es mit ihrer Hülle sind.

Lass uns also, mein Freund, alle diese Gegenstände, die sich, indem sie durch die Hand der Menschen gehen, so verengt und verderbt finden, im Großen und in ihrem ursprünglichen Vollbestande betrachten! Gott ist der einzige Fürst und der einzige Oberherr der Wesen und wie ich dir hier schon gesagt habe, er will der Einzige sein, der über die Völker herrscht, in allen Gesellschaftsvereinen und in allen Regierungsformen. Die Menschen, die sich an der Spitze der Nationen oder der Staatsverwaltung finden, sollten nur seine Stellvertreter, oder, wenn man will, seine Beauftragten sein und du hast gesehen, dass diese Vorstellung auch in ihnen selbst wie in mir ist durch die Zuversicht, die sie zu ihrem Ansehen haben und durch ihre Bemühungen, dasselbe als ein von der Gerechtigkeit selbst ausfließendes zu zeigen. Da diese Stellvertreter der Vorsehung oder diese göttlichen Beauftragten, obschon von Natur den anderen Menschen gleich, durch ihre Gaben und durch ihre Erkenntnisse von dem übrigen Teil der Nation unterschieden und ihm überlegen sein würden, so wäre hier nicht schwer zu erkennen, woher die Menschen, die alles missbrauchen, ihre menschlichen Monarchien und ihre irdischen Aristokratien entlehnt haben und woher diese Ehrfurcht stammt, welche, wahrhaft oder gemacht, gemeiniglich jeder für die Obrigkeit hat, die über ihm steht.

Endlich die Nationen, durch das Mittel dieser Stellvertreter die Erkenntnisse und Stützen empfangend, deren sie zur Erhaltung ihres gesellschaftlichen Zustandes und für die Fortrückung des Werkes benötigt sind, würden davon nach ihrer Weisheit Gebrauch machen und uns hier wirklich den wahren Zweck der demokratischen Regierung zeigen, der die natürliche Theokratie angehört.

Hoffen wir nicht, dass wir anderswo als hier die Einsichten finden, deren wir bedürfen, um uns über die politischen Gegenstände und über alles dasjenige aufzuklären, was sich auf den menschlichen Gesellschaftsverein bezieht, unter welcher Form er auch sich darstellt.

Man hat uns gesagt, dass das Volk oberherrlich sei; ich berühme mich so zu denken und es laut zu bekennen; aber wenn das Dasein des Menschen nur einen einzigen Zweck hat, nämlich den Anbau der ewigen Güter der Wahrheit, so kann das Volk nur für diesen selben Zweck oberherrlich sein und nur in dem Sinne oberherrlich sein, in welchem wir ersehen haben, dass der Mensch ehemals hätte Eigentümer sein sollen; obschon wir also die Völker, nach dem ursprünglichen Plan, als oberherrlich von Rechtswegen anerkennen, so können wir doch nicht umhin zu sagen, dass sie der Tat nach nicht weniger als der Mensch unter ihre anfängliche Bestimmung herabgestiegen sind. Sie haben allerdings kraft der ihnen eingeborenen, in ihnen wie in dem Menschen erhaltenen und unvertilgbaren Grundlagen das Vermögen, ihre Entartung zu fühlen und das unbestreitbare Recht, aus ihr emporzustreben; aber das ist ungefähr alles, was sie noch haben, und es fehlt ihnen die erforderliche Klarheit, um diesen Rechten einen sicheren Gang zu geben und daraus immer wahrhaften Vorteil zu ziehen.

Auch beschränkt sich wirklich diese Oberherrlichkeit für die Völker darauf, das Gefühl alles ihres Elends zu haben, die Augen auf diejenigen unter ihnen zu werfen, welche sie für die wenigst unfähigen halten, um ihre Befreier zu werden, diese durch ihre Wahlstimmen oder durch ihre Wünsche der wohltätigen und hellsehenden Gerechtigkeit zu bezeichnen und abzuwarten, dass die von ihnen gewählten Personen bis zu dem Throne nahen dürfen und ihnen von dort die Schätze zurückbringen, die ihnen unerlässlich notwendig sind, um ihre Vorrechte wiederzuerlangen und ruhmvoll zu offenbaren.

Ohne diese Ordnung der Dinge würden die Völker und diejenigen, die sich ihrer Führung unterzögen, nur Luftbällen zu vergleichen sein, die in die Unermesslichkeit des Raumes geschleudert den Launen der Winde preisgegeben wären, ohne irgendeinen Punkt des Widerstandes, auf welchem das Steuer eine Richtung bewirken könnte, ohne Boden und Gesichtskreis, um ihre Bahn darnach zu schätzen und ohne alle Mittel, um die Zufälle und die Schiffbrüche, die sie jeden Augenblick bedrohen, vorherzusehen und zu vermeiden; woraus zu schließen ist, dass, wenn das vorzüglichste jetzige Eigentum des Menschen, wie wir oben erkannt haben, seine Dürftigkeit ist, gleicherweise jetzt der erste Grad der Oberherrlichkeit der Völker ihre Ohnmacht und ihre Dienstbarkeit ist.

Zweifeln wir also nicht mehr, dass, wie groß auch dieser Titel der Oberherrlichkeit, der ihnen rechtmäßig noch angehören kann, sein möge, doch die Bedingungen, die er erfordert, noch unendlich größer seien; denn es ist hier nicht hinreichend, von der Gerechtigkeit, von der Weisheit und von der Treue gegen das Gesetz zu sprechen, als welche für die Völker nur Tugenden der Ausübung sind, die sie im Gebrauch ihrer Rechte beobachten müssen, um deren Erhaltung zu verdienen, aber die nicht hinreichen zu ihrer Erwerbung.

Ich habe dir vorhin die Nationen gezeigt, wie sie bald die Gunst der Vorsehung, bald den Sprüchen ihrer Gerechtigkeit zum Werkzeuge dienen; ich haben dir auch von der Art Weihe gesprochen, von welcher angenommen ist, dass alle Gesetzgeber und alle Dienstbeamte der Völker sie empfangen müssen, um ihre Beschlüsse und alle Verrichtungen ihres Amtes rechtmäßig zu machen; hierin ist, wie wenig auch das, was ich sagen werde, Glauben finden mag, die Quelle der wahren Oberherrlichkeit der Völker. Sagen wir es also laut, was vielleicht noch nie von den Menschen vernommen worden: Wann sind die Völker oberherrlich im ganzen Umfange, den dieses Wort gestattet und der allein sie so ehrwürdig machen soll? Dies ist nur dann, wenn sie ans Werk gestellt sind zur Erfüllung der Beschlüsse der Vorsehung; dies ist, wenn sie hierzu ihre Weihe erhalten haben; dies ist, wenn dadurch sie bis zu einer Macht erhoben sind, die über ihnen steht und die sie nicht mehr an das Gebot ihres Willens, sondern an das Gebot des Willens der Vorsehung knüpft, als welcher stätiger und hellsehender denn der ihre ist; ohne welches diese ehrfurchtsgebietende Weihe, dieses geheiligte Wort, vor dem das Weltall sich niederwerfen sollte, zu einem Worte wird ohne Wert und ohne Bedeutung.

Denn davon ist nicht mehr die Rede, mir für die Weihe der Völker jene gegenseitige Zustimmung anzugeben, jenen Handelsverkehr der Willen, den die einzelnen untereinander zu treiben gemeint sind, nach der Annahme der Staatsgelehrten, die niemals andere Grundstoffe für den Bau des Gesellschaftsvertrages zu finden gewusst, von welchen nachher alle bürgerlichen und politischen Handlungen der Gesellschaft sich ableiten sollen; ich sehe da nur einen Verkehr von Gleichem zu Gleichem, der aufhören kann nach dem Willen der Teilnehmer, der daher nur ein schwankendes Dasein hat und der mir nur übereinkömmliche Macht und bildliche Weihen darbieten kann.

Ich sehe selbst nicht ein, wie daraus jemals ein verbindendes Gesetz hervorgehen könnte, auf dessen Nutzen und Früchte gerechnet werden dürfte, da jedes Gesetz seine Strafe mit sich führen muss und unter den einzelnen, die man als Miturheber des Vertrages annimmt, wenngleich viele das Gesetz, doch gewiss nur sehr wenige die Strafe für sich wollen; so dass hierdurch allein schon das Gesetz nur scheinbar wäre und sich im Entstehen vernichtete, ungerechnet alle diejenigen, die durch List oder auf jede andere Weise diese Strafe zu vermeiden wüssten, welche in der wahren Ordnung unmittelbar mit dem Gesetze zusammenhängen muss. Ich sehe übrigens, dass das letzte Ziel, wohin die Strafe des Gesetzes der Menschen sich auszubreiten vermag, das Töten ist, eine Strafe, die nur den Menschen der Materie schreckt und selten den sittlichen Menschen bessert. Es würde mir größeren Eindruck machen, dieses Gesetz, wenn es, statt zu töten, wieder auferwecken könnte und die Schuldigen mit dem Lichte ihrer Verbrechen zu umgeben wüsste.

Lassen wir also diese falschen Bilder der Wahrheit beiseite, wenn wir bis zur Wahrheit selbst gelangen wollen; öffnen wir zugleich unsere Augen, unsere Herzen und unseren Geist dieser heiligen Weihe, die allein allen Fragen und allen dunklen Trieben unseres Wesens Genüge leisten kann, weil sie allein imstande ist, die Völker wahrhaft oberherrlich zu machen, indem sie dieselben mit einer Macht bekleidet, welche in ihnen die wirkende Kraft mit einer wahren Machtbefugnis vereinigt und welche dadurch die Erfüllung ihrer Sendung sichert; weil endlich sie allein imstande ist, die Gerechtigkeit auf die Erde zu bringen, und wir, geboren in der Gerechtigkeit, uns gern mit diesem Lebensmittel ernähren, wie das Kind sich gern von dem Nahrungsstoffe derjenigen ernährt, die ihm das Tageslicht gegeben.

Obgleich wir von diesen hohen Wahrheiten so weit entfernt sind, mein Freund, so lass uns doch nicht so töricht sein, darum ihr Dasein bestreiten zu wollen. Werfen wir unsere Blicke auf diesen Erdball, den wir bewohnen; wir sehen daselbst, dass in den verschiedenen Himmelsstrichen die Erzeugnisse, welche ihnen eigen sind, gewissermaßen die Weihe der Jahreszeiten und der Wärmegrade des Luftkreises abwarten müssen, um die Verrichtungen auszuüben, die sie auf dem Schauplatze der vergänglichen Dinge zu erfüllen haben; wir sehen daselbst, dass die Natur, welche die Vorsehung der physischen Wesen ist, diese als solche in Abhängigkeit hält, und dass sie, wie eine Oberherrin, von ihrem Throne herab jedes derselben zu seinem Range beruft und jedes nach seinem Teile mit der Ausführung ihrer Beschlüsse beauftragt. Wie sollte es also in der höheren Ordnung, aus welcher wir unseren Ursprung nehmen, nicht eine ähnliche Vorsehung geben, welche die Natur dieses Reiches wäre, wie die physische Natur die Vorsehung der Erde ist und deren Weihe folglich den Menschen und den Völkern noch unentbehrlicher sein müsste, damit sie rechtmäßig und wirksam an der Erfüllung der Absichten derselben zu arbeiten vermöchten, da sie sich in ihren Bewegungen verirren können und die physische Ordnung in den ihrigen sich nicht verirren kann?

Wiederholen wir es also ohne Scheu, hier ist die ausschließliche und notwendige Quelle, aus welcher die wahre Oberherrlichkeit der Völker fließt; eine Oberherrlichkeit, die sodann nicht mehr willkürlich und zerbrechlich ist, sondern sich auf eine lebendige stützt, und welche die Nationen unter die Abhängigkeit der Dinge stellt, wie die Staatsgelehrten sagen, und nicht unter die Abhängigkeit des Menschen; weil, wenn sich ereignet, dass Völker zum Werke berufen und auf diese Art geweiht sind, auf ihnen alsdann eine Macht ruhen muss, die dem Plane der höheren Hand entspricht, von der sie gewählt worden und von welcher sie nur noch die Werkzeuge sind; und so berechnet diese Macht sich nicht mehr nach der Weisheit der menschlichen Ratschläge und nach der Stärke der Völker und der Größe ihrer Heere; denn da sie mit der lebendigen Ordnung verbunden ist, so wäre nicht zu verwundern, dass sie durch diesen Verein das Recht erhielte, nach ihrem Gefallen den Scharfsinn der Häupter der gewählten Völker sowie den Eifer und den Mut ihrer Krieger zu erhöhen, neue Entdeckungen und unerwartete Erfindungen in dem Geiste der Menschen entstehen zu lassen und dass sie dadurch auf der einen Seite einen siegreichen Widerstand trotz allen Hindernissen erzeugte und auf der anderen eine hinfällige Schwäche trotz allen Hilfsmitteln.

Für diejenigen, die ihren Geist nicht in die engen Schranken des Naturalismus haben einzwängen lassen, dürfte dies wohl der verborgene Schlüssel sein so vieler weltberühmter Ereignisse, des Umsturzes wie des Ruhmes so vieler Reiche, der so überraschenden Niederlagen und Siege, der so zahlreichen Erscheinungen der

Völkergeschichte, von welchen die Forscher uns nur untergeordnete Lösungen geben, indem sie dieselben durch die Einsichten und Fähigkeiten der Sieger sowie durch die Fehler und Ungeschicklichkeiten der Besiegten erklären, während diese Fehler und Ungeschicklichkeiten so gut wie jene Fähigkeiten und Einsichten zu den sichtbaren Mitteln gehören, deren jene Macht sich bedient, um insgeheim ihr Ziel zu erreichen und die gewählten Völker ihrer Oberherrlichkeit teilhaft zu machen.

Wenn Völker ihre Erwählung zu dieser wahren Oberherrlichkeit nicht unterstützen oder die eines anderen Volkes aufhalten wollen, so könnten sie zu ihrem Unglück es dahin bringen, nicht nur ihre erste Weihe zu verlieren, sondern auch an deren Stelle sogar eine entgegengesetzte Weihe zu empfangen, welche sie verwirrte und zu ihrem Untergang führte. Denn es muss mehrere Arten von Weihe geben, wenn es wahr ist, dass es mehrere Arten von Macht gibt. Welch neuer Boden im Gebiete der Völkergeschichte zu durchforschen und welch ergiebige Ausbeute für den aufmerksamen Beobachter gewährte, besonders wenn dieser sich genug erhöbe, um zu erkennen, dass die Geschichte der Nationen eine Art lebendigen und beweglichen Gewebes ist, durch welches, ohne Unterlass, die unwiderrufliche und ewige Gerechtigkeit durchrinnt.

Wenn endlich, ohne diese Stufe zu erreichen, die Völker den Titel der Oberherrlichkeit ansprächen und ihre Absicht und Macht doch nur auf die äußere Gestalt der Gesellschaft und auf die materiellen und untergeordneten Einzelheiten des Staates richteten, so dürfte man ihnen darum jenen Titel noch nicht bestreiten, da sie in dieser Klasse wirklich oberherrlich wären und darin noch immer eine ihrem Gegenstande gemäße Weihe fänden; aber man müsste ihnen zu bemerken geben, dass sie diese Gattung so sehr untergeordneter Oberherrlichkeit mit Unrecht in gleichen Rang mit derjenige stellen würden, welche im Großen den umfassenden Plänen der Vorsehung angehört, da jene Oberherrlichkeit nur die des Willens des Menschen und täglich in Gefahr wäre, mit allen ihren Grundlagen und allen vorübergehenden Früchten derselben durch höhere Oberherrlichkeiten fortgerissen zu werden.

Übrigens würden diese tiefen Unterweisungen sich mehr an die Häupter der Völker als an die Völker selbst richten; weil, wie ich dir schon gesagt habe, die Häupter die ersten Stellvertreter der Vorsehung und die ersten Werkzeuge der Ausführung ihrer Pläne sein sollten. Sie bilden zwar mit den Völkern, denen sie vorstehen, nur einen Körper, aber sie gleichen den Außenwachen eines Heers; sie sind es, denen zunächst die ersten Gefahren und die ersten Siege gehören und von ihrem Benehmen kann zuweilen das Heil oder der Untergang des Heeres abhängen.

Aber von dieser nämlichen Ursache hängt noch mehr ihr eigenes Heil oder ihr eigener Untergang ab; wie oft hat man nicht geehen, dass Völker erhalten blieben, während die Häupter derselben gleichsam als ihres Ranges unwürdig herabgestürzt wurden! Wie oft hat man nicht während der Dauer eines und desselben Volkes dessen Regierungsform wechseln, dessen Fürstengeschlechter sich erneuern, dessen Häupter und Verwalter ersetzen sehen, die auch ihrerseits wieder in Schmach und Staub fielen!

Der Grund dieser Tatsachen ist sehr einfach; die Völker sind nämlich in den Augen der Vorsehung noch werter als es die besonderen Oberhäupter und Geschlechter der Fürsten sein können, weil jene, als Völker, sich besser eignen, die Absichten der Vorsehung zu fördern, welche insgesamt zugunsten der Völker sind; weil endlich die Völker, welche die Macht nur hervorbringen, weniger dem Verderben ausgesetzt sind als die Häupter, welche dieselben zu leiten haben. Auch sieht man wohl, dass Völker sich verirren (weniger jedoch durch eigene Schuld als durch Beispiel und Verführung), aber selten sieht man sie in Masse freveln; dagegen über die ganze Erde hin man nie aufgehört hat, ihre Häupter mehr noch freveln als sich verirren zu sehen. Als was muss es daher erst gelten, wenn man sie bemüht sieht, die Völker, die ihnen anvertraut sind, mit sich fortzureißen in ihr eigenes Verderben?

Man könnte daher diesen Oberhäuptern nicht oft genug wiederholen, dass sie uns mit diesen hohen Namen von Oberherren und Stellvertretern, die so leicht zu missbrauchen sind, nicht mehr verführen mögen. Die wahre Weihe, deren Bild sie, wie ich dir oben gezeigt, uns überall darbieten, ist die einzige, welche zugleich ihre Rechte und unser Glück sichern kann; denn wenn es mehrere Arten von Macht und mehrere Arten von Weihe gibt, so kann es auch mehrere Arten von Stellvertretern geben. Ja, wenn es gewiss ist, dass der Mensch der Stellvertreter der Wahrheit und Gerechtigkeit sein kann, so kann er auch der Stellvertreter der Lüge, der Begierde, des Stolzes, der Tyrannei, mit einem Worte, der Stellvertreter der Ungerechtigkeit und der Finsternis sein, weil alle diese verschiedenen Mächte immer bereit sind, ihm ihre Weihe zu geben; und eben deshalb, weil diese Arten von Oberherrlichkeiten allzumal begierig sind, ihre besonderen Vertreter hienieden zu haben, sieht man so viele Gegenstrebungen, Unruhe und Verwirrung auf der Erde.

Wenn nun die Völker selbst nur insofern wahrhaft oberherrlich in der höheren Ordnung sind, als sie die Werkzeuge der höchsten Oberherrlichkeit sind und von dieser ihre Weihe haben; um wieviel mehr würden die Häupter und Vertreter dieser Völker uns betrügen, wenn sie diese höchste Oberherrlichkeit sich anmaßen und deren unwiderruflichen Beschlüssen eine andere Weihe unterschieben wollten, die nicht die ihre ist! Wenn es nicht zwei Gerechtigkeiten gibt, so muss man die wahre und einzige, bevor sie auf die Erde gebracht werden kann, in ihrem eigentümlichen Gebiete eingeerntet haben, und auf diesem gibt es nur einen alleinigen Oberherren, vor welchem der Mensch, die Völker und ihre Häupter ehrfurchtsvoll abwarten müssen, welchen Anteil seiner Rechte er ihnen unter der strengsten Verantwortlichkeit beliebig überlassen werde.

Wie dürften der Mensch, die Völker und ihre Häupter sich über das ihnen beschiedene Teil beklagen? Ist es ihnen nicht genug, die Verwalter der ewigen Gerechtigkeit sein zu können, die Anbauer der lebendigen und fruchtbaren Güter derselben, mit einem Worte, durch ihre Tugenden, ihren Eifer und ihre Redlichkeit auf der Erde die Stellvertreter des alleinigen Oberherrn der Wesen zu sein?

Überdies ist das Unvermögen des Menschen in Hinsicht der Oberherrlichkeit, außer seinem untergeordneten und beengten Kreise, durch die Tat und auf unwiderrufliche Weise dargetan.

Durch eine Ursache, welche die Philosophie verwirft, weil sie viel mehr urteilt als untersucht, die aber für den einfachen Verstand nur diese augenscheinliche Herabsetzung des Menschen ist, welche die ganze Natur in jedem Augenblicke ausspricht, sind von unseren Fähigkeiten nur zwei zu unserer Verfügung geblieben, der **Willen** und die **Handlung**. Deshalb sieht man wirklich nur zwei Vermögen unter den Menschen, das der Verwaltung und das der Ausführung. Das Vermögen des festbeständigen Gedankens oder der erleuchteten und unwandelbaren Gesetzgebung findet sich unter ihnen nicht und ist das einzige, das nicht mit uns herabgestiegen ist; es ist in den Händen des wahrhaftigen Oberherrn zurückgeblieben, der sich dadurch das Mittel vorbehalten hat, uns fühlen zu lassen, welches unsere ursprünglichen Rechte waren und welches der Preis dessen ist, was uns fehlt; niemals hat Voltaire so wahr gesprochen als da er, in seinen Fragen über die Enzyklopädie, bei dem Wort **Idee**, gesagt, „dass der Gedanke uns nicht gehöre"; denn wenn der Gedanke uns nicht gehört und wir alle dennoch Gedanken haben, so müssen sie uns wohl irgendwoher kommen. Auch sind die Herren der Völker, wenn sie uns als die Quelle des Gedankens erscheinen wollen, da sie denselben doch nicht haben, nur ein Zerrbild der Wahrheit. Auch ist das Wort Oberherr, in dieser Grundbedeutung, nur ein Vernunftbild, sobald man es auf einen Menschen anwenden will; auch würde der Mensch, welcher in der höheren Ordnung, von der ich rede, als Gesetzgeber gelten wollte, seinen Willen für seinen Gedanken nehmen und sich einen Gedanken zuschreiben, der ihm nicht gehört.

Wirklich findet man die Menschen, wenn sie auf sich selbst beschränkt sind, immer nur diesseits oder jenseits des Gesetzes, welches sie aufstellen oder schaffen, weil sie, als bloße Wesen der Verwaltung und des Handelns, nicht mehr ausreichen, sobald es auf Gesetzgebung ankommt, das heißt, wenn der Gedanke wirksam werden soll, weil dieser Gedanke, der in ihnen dunkel oder tot ist, zurückbleibt, während ihr Handeln immer fortschreitet im Guten und im Bösen, aber gemeinhin mehr im Bösen als im Guten.

Und in Wahrheit, man vergleiche den Gang der bloß menschlichen Oberherren mit ihren Gesetzbüchern, fast nie wird man beide in Einklang finden, man wird sie in ihren Arbeiten, ob sie abtragen oder aufbauen, nur abbildliche Werke hervorbringen sehen, und die immer wieder aufs Neue anzufangen sind, weil ihre ausübende Kraft nicht aus dem Gesetze hervorgeht und man daher nur Kinder ohne Mütter und Mütter ohne Kinder findet, statt dass in der höheren Ordnung das Gesetz und das Handeln immer eins sind, weil das Gesetz daselbst unaufhörlich von dem Gedanken und das Handeln unaufhörlich von dem Gesetz ausgeht.

Aber obgleich das Gesetz und das Machtansehen in der höheren Ordnung nur dem alleinigen höchsten Oberherrn angehören, da beide der Ausdruck seiner ewigen Vernunft und seiner unwandelbaren Weisheit sind, so ist darum nicht weniger wahr, dass die Gesetze der Völker und die menschlichen Gewalten selbst, wie mangelhaft sie uns auch scheinen mögen, immer unsere Ehrfurcht und Unterwerfung verdienen, wenn sie nur nicht augenscheinlich die Rechte des Menschen verletzen, weil, wenn sie auch unseren Augen nur ungestalt erscheinen, wir doch nicht absprechen können, dass sie nicht mit dem Gesetze von oben heimlich verbunden seien, welches in der Unermesslichkeit seiner Absichten alles umfaßt, jede Triebfeder seines Werkes nach seinen Entwürfen bewegt und wechselweise und wenn es nötig ist, Finsternis und Licht über die Völker ausgießt.

Wenn diese menschlichen Gewalten augenscheinlich die Rechte des Menschen verletzen und durch ihre ausschweifende Wut zu rohen tierischen Gewalten werden, so gibt es keine göttliche noch politische Sittlichkeit, welche dem Menschen alsdann untersagte, sie abzuwehren. Wenn durch irgendeine Macht, wie rechtmäßig sie übrigens sei, der Mensch in den Kampfraum hinabgeworfen und den wilden Tieren überliefert worden, so kann man ihm nicht zum Gesetz machen, sich von ihren mörderischen Zähnen ruhig zerreißen zu lassen und sich nicht zu verteidigen, wenn er es vermag. Dieses Recht des Menschen bleibt unverändert, wenn die menschlichen Gewalten selber in den Kampfraum niedersteigen und sich gegen ihn in reißende Tiere verwandeln.

Ich beschließe hier, mein Freund, die kleine Zahl politischer Betrachtungen, die ich dir angekündigt habe und fasse mich mit wenigen Worten zusammen: die Einsicht des höheren und göttlichen Gesetzes und die Fähigkeit des Menschen dasselbe, wenn er rein ist, zu verwalten, das sind die erhabenen Rechte des Menschen auf der Erde, das soll der Geist und das Werk der Regierungen sein; die Ordnung und das Glück der menschlichen Gesellschaftsvereine, gegründet auf den Anbau und die Verbreitung des Reiches der Gerechtigkeit und Wahrheit, das ist die Frucht, die sich aus all diesen Keimen ergeben soll; und ohne jetzt tiefer in diese Gegenstände einzudringen, habe ich dir in diesen kurzen Bemerkungen die regelmäßigsten Grundlagen mitgeteilt, die bis jetzt für das Gebäude der Gesetzgebung und des Staates gefunden worden.

Aber nicht, als ob der Schlüssel all dieser Einsichten, welche du eben überschaut hast und die mir nicht so leicht umzustoßen scheinen, unseren Händen jemals gefehlt hätte! Dieser Schlüssel umfasst alle Welten durch seine allgemeine und durchdringende Wirksamkeit; dieser Schlüssel ist doppelt, ohne dass er aufhört, Einer zu sein, wie in der Tonkunst der Grundton die Eigenheit besitzt, Dur und Moll zu sein, ohne dass er aufhört, Mittelpunkt zu sein; das heißt, er ist zugleich der Urgrund des Menschen, ohne dass er aufhört, ein einziges Wesen zu sein und ohne dass der Mensch darum der Urgrund sei, wie in dem Grundtone Dur wohl Moll, aber Moll nicht Dur enthält. Dieser Schlüssel wirkt nicht, ohne zu sprechen und spricht nicht, ohne zu wirken; er macht keine Bewegung, ohne dreifach zu öffnen und zu schließen, weil er die Wurzel ist von allem, was ist, der bewahrende Herd alles dessen, was sein kann und die Schranke von allem, was nicht ist; daher verschließt er die Quellen der wahren Oberherrlichkeit und des wahren Lichtes, und als solcher ist er allein der Ruheort des Geistes des Menschen, wie er allein der Ruheort seines Herzens ist; doch wenn du von mir verlangtest, dir ihn mit einem Namen zu bezeichnen, so würde ich dir nur durch Schweigen antworten, da ich mich deutlich genug erklärt habe, um von dir verstanden zu werden.

Ich kehre also mit dir zu unseren einfachen Betrachtungen zurück und erinnere dich an das, was ich dir im Anfange dieser Schrift gesagt habe, dass die politischen Bewegungen, in deren Stürmen wir wandeln, mir für das Auge Gottes nur Wege zu sein scheinen, auf welchen er uns zu größerer Glückseligkeit, als wir denken, vorbereitet. Denn der staunenerregende Entwicklungsgang unserer großartigen Revolution und die hervorleuchtenden Erscheinungen, welche denselben auf jedem Schritte bezeichnen, müssen jedem, der nicht sinnlos oder unredlich ist, die Ausführung eines förmlichen Beschlusses der Vorsehung in Feuerzügen darin zu erkennen geben; man kann sogar sagen, dass das Werk von ihrer Seite schon getan ist, obwohl noch nicht ganz von der unsrigen. Ihre Hand, gleich der eines geschickten Wundarztes, hat den fremden Körper weggeschafft, und wir empfinden alle unvermeidlichen Folgen einer schmerzhaften Hilfeleistung und den Druck des Verbandes der Wunde; aber wir müssen mit Geduld und Mut diese Schmerzen ertragen, da unter ihnen keiner ist, der uns nicht zur Genesung führt.

Ich erinnere mich auch, den politischen Zustand der Menschen auf der Erde zuweilen mit einem Gebäude verglichen zu haben, welches aus Kellergewölbe, Erdgeschoß und Oberstock besteht. Ich habe gesehen, dass die menschlichen Regierungen, priesterliche und weltliche, unter welcher Gestalt sie erscheinen, fast alle Völker in die unteren Gewölbe hinabgestoßen hatten. Die Franzosen, durch die natürliche Wirkung ihrer Revolution, sind aus diesem Gewölbe hervorgegangen und zu dem Erdgeschoß emporgekommen; aber solange sie noch nicht in den Oberstock aufgestiegen sind, haben sie ihr Werk noch nicht vollendet, und dahin, mein ich, will die Vorsehung sie führen, damit sie nicht nur der Finsternis der Gewölbe, wo man nichts sieht, sondern auch der Beschränkung des Erdgeschosses enthoben seien, wo man nur das Allernächste sieht, während man von dem Oberstocke herab einen größeren Raum überschaut und den Feind besser beobachten kann.

Die Vorsehung überlässt den Franzosen wie den anderen Völkern die Sorge all dieses untergeordneten Verfahrens, all der geringeren Anordnungen ihrer Staatswirtschaft, der Finanzen, der

Zucht, der Verwaltung, lauter Dinge, die nützlich und notwendig sind, aber nur die Oberfläche des Werkes sind und gleichsam nur dem inneren Haushalt angehören; sie überlässt ihnen, sage ich, diese Art von Sorgen, weil ihnen zur Wahrnehmung, und wenn sie wollen, zur Verbesserung der Fehler, die sie in dieser Ordnung der Dinge begehen, die einfache natürliche Vernunft hinreicht; nur die Verbrecher ruft die Vorsehung unmittelbar vor ihren Richterstuhl und sie behält sich vor, inmitten all dieser äußeren Beschäftigungen den Menschen ohne sein Wissen dennoch zur Kenntnis ihrer weisen Absichten zu leiten und ihm die Früchte derselben zuzuwenden, denn sie kann von der Seele des Menschen andere Werke und andere Ergebnisse erwarten als solche, die nur die Schale seines Wesens angehen. Und wahrlich, es würde nie unauflöslicher Widerspruch in dem Urheber der Dinge sein, wenn er den Menschen mit so umfassenden und erhabenen Fähigkeiten geschaffen hätte, damit dieser sie ausschließlich auf Gegenstände beschränkte, wo sie weder ihre Beruhigung noch ihre Nahrung finden können; die eigene Natur des Menschen aber ist es, die ihn, in seinen unfruchtbaren Beschäftigungen, auch gegen seinen Willen, über ihn selbst setzt.

In der Tat, wenn infolge alles dessen, was dargelegt worden, alle Gesellschaftsvereine des Menschen, um ihrem Zwecke zu entsprechen, zu der Erhabenheit der göttlichen, geistigen und natürlichen Theokratie streben dürften, welches auch sonst ihre Regierungsform sein möge, so ist es also gewiss, dass die Fähigkeiten des Menschen weit hinausragen über diese geringeren Zwecke, die wir den inneren Haushalt genannt haben und die zuletzt bei allen Völkern nur darauf hinausgehen, den öffentlichen Abgaben eine andere Art und Weise, den Zeichen der Würde und den unterscheidenden Bekleidungen eine andere Gestalt, den Obrigkeiten und Verwaltungen einen anderen Namen zu geben. Müsste nicht alle Vernunft sich empören, wenn sie bloß deshalb Millionen Menschen hinopfern und die Welt in Zerrüttung stürzen sähe, damit dergleichen Unterschiede neu gestaltet würden und man am Ende doch immer in demselben Kreise so geringer und unwesentlicher Ergebnisse bliebe?

Nein, das Rätsel der menschlichen Dinge muss ein wichtigeres und bedeutungsvolleres Wort haben. Dieses Wort, ich glaube es geschrieben zu sehen in der erhabenen Natur des Menschen und in dem unaufhörlichen Verlangen der Vorsehung, ihn seinem wahren Beruf stets näher zu bringen. Indem sie den Menschen die Verwaltung der niederen Dinge überlässt, möchte sie zugleich ihren Sinn auf die Verwaltung der höheren Dinge führen, da sie weiß, dass ihnen alle Mittel dazu gegeben sind und dass diese Mittel stets bereit wären, sich zu entwickeln, wenn diese unsinnigen und bösartigen Menschen sich nicht selber dagegen setzten und uns so oft den Finger des Menschen neben dem Finger Gottes zeigten.

Ich wiederhole dir es daher hier feierlich: ich glaube in unser staunenswürdigen Revolution eine deutliche Absicht der Vorsehung zu erblicken, uns selbst, und nach und nach viele andere Völker (obwohl ich nicht sagen kann, durch welche Mittel), den wahren Gebrauch unserer Fähigkeiten wiedererlangen zu lassen und den Völkern diesen erhabenen Zweck zu enthüllen, welcher die ganze menschliche Gesellschaft angeht und den Menschen in allen seinen Beziehungen begreift. Das philosophische Auge sieht daher auch mit geheimem Vergnügen, dass unsere Regierung wie von selbst die nationale Einrichtung auf die Seite der Sitten lenkt, ohne welche es keine natürliche Gesellschaft gibt; das Gesetz auf die Gleichheit und ewige Gerechtigkeit, ohne welche es keine bürgerliche Gesellschaft gibt; die Vernunft auf ein höchstes Wesen, als dessen wahrer Tempel das Herz des Menschen öffentlich anerkannt worden ist, weil ohne dieses höchste Wesen kein natürlicher, bürgerlicher oder politischer Verein fest bestehen könnte, indem es keine Weisheit, keine Gerechtigkeit und keine Macht gäbe.

Es würde daher kein Gemälde bloßer Einbildung sein, wenn wir uns schon jetzt das Glück vorstellten, welches wir uns von unserer Revolution versprechen dürfen, wenn einst die Hand der Vorsehung dieselbe vollständig zu ihrem Ziele geführt haben wird: ein Zeitpunkt, den das Auge des Menschen jedoch nicht ermessen kann, weil die Vorsehung gern auf verborgenen Wegen wandelt und ihre Geheimnisse nur in Wolkenhülle zeigt, um den Schwachen zu schonen, der von ihrem Glanze geblendet werden könnte, um sie dem Gottlosen zu entziehen, der sie entweihen würde und um den Gerechten selbst wachsam zu erhalten und vor Dumpfheit zu bewahren, denn vergessen wir nicht, dass die erste Eigenschaft des Menschen die ist, Verwalter der göttlichen Dinge zu sein und er daher zu seinem Vorteil wie zu seinem Nachteil die Fähigkeiten gebrauchen kann, die ihm anvertraut sind, und die Wunder, welche die Revolution uns verkündigt, sind nicht den untreuen Dienern verheißen.

Ich überlasse deiner Beredsamkeit, das Gemälde dieser Wunder zu entwerfen; du wirst die Farben dazu in deinem Herzen finden und du wirst fühlen, dass das Auge der Vorsehung sich für unser Land nicht mehr verschließt, als es sich für Ninive verschloss, dessen Einwohner nicht besser waren als wir; dass, wenn in diesem großen Schauspiel, welches begonnen hat und in welchem alle Völker der Welt der Reihe nach eine Rolle haben werden, die Vorsehung uns in den ersten Auftritt gestellt und für uns zuerst ihre Zeiten der Gerechtigkeit eröffnet hat, die gleicherweise auch für uns zuerst ihre Zeiten der Gnade und des Lichtes eröffnen wird.

Du wirst mit Freude erkennen, dass ihre Absicht gewesen, ihre Tenne zu reinigen, bevor sie ihr gutes Korn daselbst niederlegte; dass, weit entfernt, uns in die Vernichtung aller Religion zu verstoßen, sie deren eine aus dem Herzen des Menschen zu erwecken wissen wird, die reiner und weniger vermischt sein wird als diejenige, welche die Oberherren nach ihrem bloß menschlichen Willen und Machtgebot begültigen und verschwinden lassen; die aber auch nicht mehr der Verderbnis durch den Handel des Priesters und durch den Hauch des Betruges ausgesetzt sein wird, wie diejenige war, die wir eben verschwinden gesehen samt ihren Dienern, welche sie entehrt hatten, diesen Dienern, welche es dahin gebracht, dass, während keine Regierung anders wandeln wollte als unter dem Schirme des Gebets, die unsrige genötigt gewesen, zu ihrer Sicherheit jede Art von Verbindung mit diesem Gebet abzubrechen, dasselbe ganz und gar von sich auszustoßen, gleich als wäre es verpestet worden, und so die einzige Regierung der Welt zu sein, welche dasselbe nicht mehr unter ihre

Bestandteile zählt, eine Erscheinung, die zu merkwürdig ist, um den Beobachtern, die in den Gesetzen des Gleichgewichts der Gerechtigkeit und der göttlichen Ausgleichungen unterrichtet sind, entgehen zu können.

Du kannst die Grundlagen für diese tröstende Hoffnung selbst in unseren Ausschweifungen wiederfinden, ja sogar, wenn ich es sagen darf, bis in unseren Wutausbrüchen, die von solchen Entwicklungskämpfen fast unzertrennlich sind, da diese, gleich heftigen Arzneien, die heilsamen Säfte des Kranken nicht wieder beleben können, ohne die verderbten und schädlichen Säfte zum Ausbruche zu bringen; denn wenn alles lebendig ist in den Vergeltungen der Menschen, in ihren Gerechtigkeiten und selbst in ihren Leidenschaften und in den bejammernswerten Übeln, welche die Folge davon sind, müssen wir nicht glauben, dass alles auch lebendig sein würde in ihren Tugenden, wenn sie sich mehr bestrebten, den Sinn dieses schönen Namens in sich zu rechtfertigen und zu verwirklichen?

Glauben wir also, nach ähnlicher Weise, dass die Vorsehung nicht verfehlen wird, uns dieselben Vergütungen und dieselbe Abwägung darzubieten; glauben wir, dass, wenn sie so streng und so lebendig in den Äußerungen ihres Zorns ist, sie noch lebendiger in ihrer Sanftmut und in ihrer Liebe ist und dass sie viel geneigter sein wird, uns zu erhören, wenn wir ihre Nachsicht und belebende Güte für unsere Mitmenschen erflehen, als wenn wir ihre Rächerhand gegen sie zu beschwören suchen und dass daher das Glück der Erde sozusagen in der Hand des Menschen stehen wird, da er das Recht haben wird, es bis in dieser alleinigen Quelle alles dessen, was gut ist, zu schöpfen.

Denn vergessen wir nicht, welches das erste und das schönste der Rechte ist, die wir in unserer Eigenschaft als Menschen besitzen, nämlich dass wir alle, auch in der höheren Ordnung, das Priesteramt der Wohltätigkeit gegen unsere Mitmenschen ausüben können; dass wir die Übel und die Schmerzen der Erde der ewigen Weisheit vortragen dürfen, deren zu reines Auge sie ohne diese Vermittlung nicht wahrnähme; dass wir dadurch das Herz dieser höchsten Vorsehung rühren und ihren wiederherstellenden Balsam auf unsere Mitbürger herniederziehen, der allein ihre

Wunden heilen und der ihnen das Leben wiedergeben kann. Aber vergessen wir auch nicht, dass, wenn wir einen Augenblick nachlassen, alle unsere Kräfte anzustrengen, um uns zur Erfüllung dieses göttlichen Berufes fähig zu erhalten, wir dadurch dem Tode zur Beute alle diejenigen überlassen können, die wir ihm zu entreißen imstande gewesen wären, wenn wir die Gerechtigkeit angebaut hätten; und um diese heiligen Pflichten nicht zu versäumen, wollen wir stets eingedenk bleiben, dass der Mensch geschaffen war, um das Gebet der Erde zu sein.

Lebe wohl, mein Freund; Gruß und Brüderschaft.

Anmerkungen

S. 35: **„Huldigung und Religion".** Für ersteres Wort steht im Französischen das bedeutendere **hommage**, mit bestimmter Hinweisung auf den Stamm **homme**, also in dem Sinne, dass die Huldigung des Menschen eine Darbringung seiner selbst ist, welches im Deutschen nicht mit ausgedrückt werden konnte und daher durch diese Erinnerung nachgetragen sein mag.

S. 47: **„Nur zwei Religionskriege".** In einem späteren Werke wiederholt der Verfasser diese geistvolle Zusammenstellung auf folgende Weise: „Die französische Revolution hat von Seiten der Vorsehung wahrscheinlich den Zweck gehabt, den Dienst des Gebetes wo nicht einzustellen doch zu reinigen, wie der Dienst des Gebetes bei seinem Ursprunge den Zweck gehabt, den Dienst des jüdischen Gesetzes einzustellen. In dieser Beziehung könnten die Franzosen als das Volk des neuen Gesetzes betrachtet werden, so wie die Hebräer das Volk des alten Gesetzes waren. Über diese Erwähnung brauchte man, ungeachtet unserer Verbrechen und Untaten, nicht gerade verwundert zu sein; die Juden, die in ihrer Zeit erwählt worden sind, waren nicht besser, als die Franzosen jetzt sind." S. Le ministère de l'homme-esprit, p. 168.

S. 59: **„Jean-Jacques".** Die Art, wie Saint-Martin über Rousseau urteilt, gibt ein schönes Zeugnis jener freien Geisteshöhe, auf welcher beide trefflichen Männer verweilen und wo sich vieles übereinstimmend und verbunden findet, was auf niederem Standpunkte nur getrennt und widerstreitend erscheint. Wie sehr Saint-Martin den bekannten Sonderling nach dessen innerstem Werte zu würdigen verstand, gibt er in anderen Stellen zu erkennen, deren Mitteilung hier nicht unangemessen erscheint. „Beim Lesen der Bekenntnisse von J.J. Rousseau — sagt Saint-Martin — bin ich über die vielen Ähnlichkeiten erstaunt, die ich zwischen ihm und mir habe finden müssen, sowohl in unserem Benehmen gegen Frauen als in unserer Sinnesart, die zugleich der Vernunft und der Kindheit angehörte, und in der Leichtigkeit, mit der uns die Menschen für dumm hielten, so oft wir keine völlige

Freiheit hatten, uns zu entwickeln. Auch unser Zeitliches hat einige Ähnlichkeit gehabt, die Verschiedenheit unserer Stellung in der Welt abgerechnet; aber fürwahr, wenn er sich an meiner Stelle mit seinen Mitteln und meinem Zeitlichen befunden hätte, so würde er ein anderer Mensch geworden sein als ich!" und ferner: „Rousseau war geboren mit einem großen Feuer im Geiste und im Herzen, Eigenschaften, welche nicht immer zusammen gehen, in ihm aber sich vereinigt hatten. Als Beweis dafür gilt, dass er die Neigung zum Guten, tiefe Gedanken, durchdringenden Scharfblick und großen Sinn besaß, dass er den Menschen liebte, und besonders dass er lange Zeit alle Menschen für vollkommen, alle für vortrefflich gehalten. Als er später durch Alter und Erfahrung dahin gekommen war, seine Meinung von den Menschen mit ihrer wirklichen Art und Weise zu vergleichen, so empörte er sich dergestalt über den Abstand, geriet über seinen Irrtum in solche Wut, dass er davon eine Erschütterung erlitt, die ihn weit auf die entgegengesetzte Seite derjenigen Ansicht warf, zu welcher er einen großen Teil seines Lebens sich gehalten hatte; nachdem alle Menschen zuerst ihm als vortrefflich erschienen waren, sah er zuletzt alle für Ungeheuer an, welches ihn bis zur Verrücktheit brachte, denn es ist sehr wahrscheinlich, dass er in solchem Zustande gestorben ist. Wenn dieser seltene und reichbegabte Mensch das Glück einer erleuchteten Leitung gefunden hätte, welche Früchte würde er nicht gebracht haben? Seine Werke sind von so tiefer Philosophie, dass man die Kraft seines Geistes nicht genug bewundern kann. Er ist allein und ohne Hilfe unendlich weit in einer Laufbahn vorgedrungen, wohin Voltaire niemals nur den Fuß gesetzt hat. Er ist auf Grundlagen der Wahrheit gekommen, er hat die echten Saiten berührt und daraus Töne hervorgerufen, die den am meisten Unterrichteten überraschen dürften." S. Oeuvres posthumes de Saint-Martin, t. 1 und t. 2, p. 326.

Wir erinnern hier zugleich an den trefflichen Abriss, den unser Fichte von Rousseaus Geist und Lebensstellung gegeben hat.

S. 90: „**Voltaire**". In dem angeführten Werke, welches in den späteren Ausgaben dieses Schriftstellers gewöhnlich mit dem philosophischen Wörterbuche verschmolzen erscheint, heißt die hierher gehörige Stelle: „Was ist eine Idee? Ein Bild, welches sich in meinem Gehirne abbildet. Und wer ist der Maler, der dieses Bild bewirkt? Ich bin es nicht; ich bin nicht geschickt genug im Zeichnen; derjenige, der mich gemacht hat, macht meine Ideen. Und woher weiß man, dass man nicht selbst seine Ideen macht? Weil sie uns sehr oft wider Willen im Wachen und immer ohne unseren Willen im Schlafe kommen, wenn wir träumen. Malebranche hatte also recht, wenn er sagt, dass wir alles in Gott sehen? Wenigstens bin ich überzeugt, dass, wenn wir auch nicht alle Dinge in dem großen Wesen sehen, wir sie doch durch dessen mächtige und gegenwärtige Wirksamkeit sehen."

Inhalt